SE 07

Curso
MAD360

*La diferencia entre aprobar
y sacar plaza*

Celador/a

SERVICIO EXTREMEÑO DE SALUD (SES)

Si aún no dispones de tu **Curso MAD360**, te ofrecemos un acceso GRATIS de 30 días para que disfrutes de los siguientes recursos:

- Técnicas de Memoria 360.
- MADTEST: Test *online* Nivel PRO.
- Temario en formato digital.
- Vídeos.
- Esquemas.
- Planificación de estudio.
- Foro entre opositores hasta la fecha del examen.*
- Recursos y novedades exclusivas.
- Consulta sobre la oposición y el proceso selectivo.
- Actualizaciones legislativas (Boletines Oficiales) hasta 60 días antes de la fecha del examen.*

Para acceder a esta prueba del Curso MAD360** será necesaria la compra de todos los libros para esta especialidad de la edición 2025.

Regístrate en **mad.es/iniciar-sesion** y en la pestaña BIBLIOTECA valida los códigos que encuentras en la última página de tus libros.

NOTA IMPORTANTE:

* Examen de esta categoría profesional correspondiente a la convocatoria publicada en el DOE n.º 249, de 26 de diciembre de 2024, o hasta el 28 de febrero de 2026, lo que se cumpla antes, y previa renovación del servicio.

** El acceso al CURSO MAD360 estará disponible desde febrero de 2025 (algunos recursos podrían estar disponibles en fecha posterior). Tendrá una duración de 30 días RENOVABLES mediante pago, desde la validación de códigos, o hasta el 31 de agosto de 2026, lo que se cumpla antes.

MAD se reserva el derecho a ampliar dichas fechas.

Celador/a del Servicio Extremeño de Salud (SES)

Celador/a del Servicio Extremeño de Salud (SES)

Test del temario

Autores

LIDIA MARINA PONCE MARTÍNEZ
Licenciada en Psicología

DOMINGO GÓMEZ MARTÍNEZ
Licenciado en Derecho

TERESA MARÍA TORRES FONSECA
Licenciada en Derecho

M.ª JOSÉ GARCÍA BERMEJO
Licenciada en Biología
Técnico Superior en Laboratorio de Diagnóstico Clínico

ELENA GARCÍA FERNÁNDEZ
Licenciada en Derecho

HERMINIA ANDRADES ROMERO
Diplomada en Fisioterapia.
Técnica Superior en Laboratorio de Análisis
Clínico. Auxiliar de Enfermería

M.ª DEL CARMEN SILVA GARCÍA
Diplomada Universitaria en Enfermería
Técnica Especialista de Laboratorio

FRANCISCO JESÚS TORRES FONSECA
Licenciado en Derecho

JOSÉ LUIS GARRIDO VELA
Licenciado en Derecho

MOISÉS CAYETANO RODRÍGUEZ
Policía Local en Extremadura

LIDIA MARINA PONCE MARTÍNEZ
Licenciada en Psicología

© 7 Editores Recursos para la Cualificación Profesional y el Empleo, S.L. (7 Editores)
© Los autores
Primera edición, febrero 2025 (114 páginas)
Derechos de edición reservados a favor de 7 Editores
IMPRESO EN ESPAÑA
Diseño Portada: 7 Editores
Edita: 7 Editores
Avda. San Francisco Javier, 9 · Edificio Sevilla 2 · Planta 11 · Módulos 25-27 · 41018 Sevilla
Teléfono: 954 784 411 · WEB: www.mad.es · e-mail: administracion@7editores.com
ISBN: 978-84-142-9151-1
© "Editorial Mad" y "Eduforma" son nombres comerciales registrados de
7 Editores Recursos para la Cualificación Profesional y el Empleo, S.L.

Índice

TEST DEL TEMARIO COMÚN

TEST N.º 1

La Constitución Española de 1978: características y estructura. Título Preliminar. Los derechos y deberes fundamentales

1. ¿En qué se fundamenta la Constitución Española?

a) En un Estado social y democrático de Derecho.
b) En la indisoluble unidad de la Nación española.
c) En la independencia de los poderes del Estado.
d) En la organización territorial del Estado.

2. Según el artículo 3 de la CE, el castellano es la lengua oficial del Estado y todos los españoles:

a) Tienen el deber de usar y el derecho de conocer el castellano.
b) Tienen el derecho y el deber de conocer el castellano.
c) Tienen el deber de conocer y el derecho de usar el castellano.
d) Tienen el derecho de conocer y usar el castellano.

3. La Constitución Española reconoce y garantiza el derecho a la autonomía:

a) De las nacionalidades que la integran.
b) De las regiones que la integran.
c) De las Comunidades Autónomas que la integran.
d) De las nacionalidades y regiones que la integran.

4. El Preámbulo de la Constitución:

a) Tiene en sí carácter de norma jurídica.
b) Es una declaración de intenciones, destinada a interpretar lo que se quiere alcanzar con el contenido normativo de la Constitución.
c) Se trata de un texto sin fuerza jurídica de obligar.
d) Las respuestas b) y c) son correctas.

5. Señala la respuesta correcta, respecto de la aprobación, ratificación y publicación de la Constitución Española:

a) Aprobada por las Cortes el 31 de octubre de 1978, ratificada por el pueblo en referéndum el 6 de diciembre de 1978 y publicada el 29 de diciembre de 1978.
b) Aprobada por las Cortes el 30 de octubre de 1978, ratificada por el pueblo en referéndum el 16 de diciembre de 1978 y publicada el 27 de diciembre de 1978.
c) Aprobada por las Cortes el 31 de octubre de 1978, ratificada por el pueblo en referéndum el 16 de diciembre de 1978 y publicada el 29 de diciembre de 1978.
d) Aprobada por las Cortes el 10 de octubre de 1978, ratificada por el pueblo en referéndum el 26 de diciembre de 1978 y publicada el 30 de diciembre de 1978.

6. ¿En qué parte de la Carta Magna se establece la exposición de motivos que impulsan la norma constitucional y los objetivos que con ella se pretenden alcanzar?

a) En el Título Preliminar.
b) En el Preámbulo.
c) En el Título I.
d) En el Título II.

7. La Constitución Española fue sancionada por:

a) El Rey.
b) El Presidente del Congreso.
c) Las Cortes Generales.
d) El Presidente del Gobierno.

8. ¿Cuáles de los siguientes españoles de origen pueden ser privados de su nacionalidad?

a) Exclusivamente los miembros de grupos terroristas.
b) Los miembros de grupos terroristas y los que atenten contra el Rey u otro miembro de la Casa Real.
c) Los que atenten contra un miembro de la Familia Real o del Gobierno de la Nación.
d) Ningún español de origen podrá ser privado de su nacionalidad.

9. Según la CE son fundamentos del orden político y la paz social:

a) La dignidad de la persona, los derechos violables que les son inherentes y el respeto a la ley.
b) La dignidad de la persona, el desarrollo limitado de la personalidad y el respeto a la ley.
c) El respeto a la ley, a los reglamentos administrativos y demás disposiciones legales.
d) La dignidad de la persona, los derechos inviolables que le son inherentes, el libre desarrollo de su personalidad, el respeto a la ley y a los derechos de los demás.

10. ¿Cuál de los siguientes es considerado por la CE como uno de los valores superiores del ordenamiento jurídico?

a) La jerarquía normativa.
b) El pluralismo político.
c) La publicidad normativa.
d) La equidad.

11. La forma política del Estado español es:

a) Democracia parlamentaria.
b) Gobierno parlamentario.
c) Monarquía parlamentaria.
d) República democrática.

12. La parte de la CE que regula la estructura de los principales órganos del Estado recibe el nombre de:

a) Parte dogmática.
b) Parte orgánica.
c) Parte estatal.
d) Parte estructural.

13. Según la CE, la soberanía nacional:

a) Corresponde a las Cortes Generales, al estar compuestas por los representantes del pueblo.
b) Corresponde al Rey.
c) Reside en el pueblo español.
d) Corresponde al Gobierno de la Nación elegido directamente por el pueblo.

14. ¿En qué parte de la Carta Magna se señalan los valores superiores del ordenamiento jurídico?

a) En el Preámbulo.
b) En el Título Preliminar.
c) En el Título I.
d) Ninguna respuesta es correcta.

15. ¿Cuál de las siguientes es una de las características de nuestra Constitución de 1978?

a) Consensuada.
b) Corta.
c) Conservadora.
d) Originalidad.

16. Son el fundamento del orden político y de la paz social:

a) El libre desarrollo de la personalidad.
b) Los derechos inviolables que les son inherentes.
c) El respeto a la ley y a los derechos de los demás.
d) Todas las respuestas son correctas.

17. ¿Qué quedará excluido de extradición?

a) Los delitos criminales.
b) Los delitos políticos.
c) Los actos de terrorismo.
d) Ninguno.

18. ¿Qué debe ser democrático, a tenor de lo dispuesto en la Constitución Española, en los sindicatos de trabajadores y las asociaciones empresariales?

a) Su funcionamiento.
b) Su estructura interna.
c) Su funcionamiento y estructura interna.
d) Sus órganos asamblearios.

19. ¿De cuántos Capítulos consta el Título I de la CE de 1978?

a) De tres.
b) De cinco.
c) De dos.
d) De cuatro.

20. El derecho a la propiedad en nuestra Constitución es un Derecho:

a) Inherente a la condición humana.
b) Absoluto.
c) Que está limitado por la función social de la misma.
d) Ninguna de las respuestas anteriores es correcta.

En MADTEST tienes **más preguntas de este tema, comentadas y argumentadas**, y todos tus avances quedan registrados y se reflejan en el ranking.

¡Supera tus límites con MADTEST!

Solución al test n.º 1

1. b) En la indisoluble unidad de la Nación española.

2. c) Tienen el deber de conocer y el derecho de usar el castellano.

3. d) De las nacionalidades y regiones que la integran.

4. d) Las respuestas b) y c) son correctas.

5. a) Aprobada por las Cortes el 31 de octubre de 1978, ratificada por el pueblo en referéndum el 6 de diciembre de 1978 y publicada el 29 de diciembre de 1978.

6. b) En el Preámbulo.

7. a) El Rey.

8. d) Ningún español de origen podrá ser privado de su nacionalidad.

9. d) La dignidad de la persona, los derechos inviolables que le son inherentes, el libre desarrollo de su personalidad, el respeto a la ley y a los derechos de los demás.

10. b) El pluralismo político.

11. c) Monarquía parlamentaria.

12. b) Parte orgánica.

13. c) Reside en el pueblo español.

15. a) Consensuada.

16. d) Todas las respuestas son correctas.

17. b) Los delitos políticos.

18. c) Su funcionamiento y estructura interna.

19. b) De cinco.

20. c) Que está limitado por la función social de la misma.

TEST N.º 2

El Estatuto de Autonomía de Extremadura:
Estructura y modificaciones. Título Preliminar. Las competencias.
Las instituciones de Extremadura

1. El Estatuto de Autonomía de Extremadura fue aprobado por:

a) Las Cortes Generales por la Ley 1/83, de 25 de febrero.
b) Las Cortes Generales por la Ley Orgánica 1/83, de 25 de febrero.
c) La Asamblea de Extremadura por la Ley 1/83, de 25 de febrero.
d) La Asamblea de Extremadura por la Ley Orgánica 1/83, de 25 de febrero.

2. La última de las reformas del Estatuto de Autonomía se realizó por:

a) Ley Orgánica 12/1999, de 6 de mayo.
b) Ley Orgánica 4/2002, de 11 de junio.
c) Ley Orgánica 1/2011 de 28 de enero.
d) Ley Orgánica 1/2011 de 24 de marzo.

3. El Estatuto de Autonomía de Extremadura consta de:

a) Un Título Preliminar, 7 Títulos, 7 Disposiciones Adicionales, 1 Disposición Derogatoria y una disposición Final.
b) Un Título Preliminar, 7 Títulos, 6 Disposiciones Adicionales y una disposición Final.
c) Un Título Preliminar, 6 Títulos, 2 Disposiciones Adicionales, 1 Disposición Derogatoria y una disposición Final.
d) Un Título Preliminar, 9 Títulos, 4 Disposiciones Adicionales y una disposición Final.

4. Las Instituciones de Extremadura se tratan en el:

a) Título Preliminar.
b) Título I.
c) Título II.
d) Título III.

5. El Título IV trata de:

a) La Junta de Extremadura.
b) La organización judicial.
c) La organización territorial.
d) Economía y Hacienda.

6. El Título Preliminar del Estatuto de Autonomía se desarrolla a lo largo de los:

a) Cinco primeros artículos.
b) Seis primeros artículos.
c) Siete primeros artículos.
d) Nueves primeros artículos.

7. Los Poderes de la Comunidad Autónoma de Extremadura emanan:

a) De la Constitución y del Estatuto.
b) Del Estado, de la Constitución y del Estatuto.
c) Del Pueblo, de la Constitución y del Estatuto.
d) De la Constitución española.

8. Son elementos diferenciales de Extremadura, y han de orientar la actuación de los poderes públicos:

a) La vitalidad de su reciente identidad colectiva, la calidad de su medio ambiente y su patrimonio cultural, así como el predominio del mundo rural.
b) Su proyección en Portugal e Iberoamérica.
c) Los condicionantes históricos de su desarrollo socioeconómico y la baja densidad de su población y su dispersión, entendida como dificultad relativa de acceso a los servicios y equipamientos generales.
d) Todos los anteriores.

9. De acuerdo con el Estatuto, gozan de la condición política de extremeños:

a) Los ciudadanos españoles que, de acuerdo con las Leyes generales del Estado, tengan vecindad administrativa en cualquiera de los municipios de Extremadura.
b) Los ciudadanos españoles residentes en el extranjero que hayan tenido la última vecindad administrativa en Extremadura y acrediten esta condición en la correspondiente representación diplomática de España.
c) Los descendientes inscritos como españoles, si así lo solicitan en la forma que determina una Ley del Estado.
d) Todos ellos.

10. De acuerdo con el artículo 7, los poderes públicos regionales:

a) Ejercerán sus atribuciones con las finalidades primordiales de promover las condiciones de orden social, político, cultural o económico, para que la libertad y la igualdad de los extremeños, entre sí y con el resto de los españoles y europeos, sean reales y efectivas.

b) Perseguirán un modelo de desarrollo social capitalista y cuidarán de la preservación y mejora de la calidad medioambiental y la biodiversidad de la región, con especial atención a sus ecosistemas característicos, como la dehesa.

c) Favorecerán medidas para el gasto energético y apoyarán la generación de energías renovables.

d) Velarán por la especial protección de aquellos sectores de población con especiales necesidades de cualquier tipo.

11. El Estatuto de Autonomía recoge la Asamblea de Extremadura en el:

a) Capítulo I del Título II.
b) Capítulo II del Título II.
c) Capítulo I del Título I.
d) Capítulo III del Título III.

12. De acuerdo con el artículo 16.2, corresponde a la Asamblea de Extremadura:

a) Realizar los Presupuestos de la Comunidad Autónoma y autorizar el recurso al crédito público, en los términos del Título VI de este Estatuto.

b) Ejercer el control de los medios de comunicación social dependientes de la Comunidad Autónoma.

c) Designar de entre los diputados de la Asamblea a los diputados a que se refiere el artículo 69.5 de la Constitución tras las elecciones autonómicas.

d) Todas las anteriores.

13. Los miembros de la Asamblea de Extremadura serán elegidos por sufragio universal, libre, igual, directo y secreto, de acuerdo con criterios de representación proporcional:

a) Siendo un número entre 50 y 70.
b) En número máximo de 65.
c) Siendo un número entre 65 y 70.
d) En número máximo de 60.

14. La sesión constitutiva de la Asamblea electa será convocada por el Presidente cesante dentro de los:

a) Diez días siguientes a la celebración de las elecciones.
b) Quince días siguientes a la celebración de las elecciones.

c) Veinte días siguientes a la celebración de las elecciones.
d) Treinta días siguientes a la celebración de las elecciones.

15. En todo caso, las iniciativas legislativas que se presenten por la vía popular deberán estar avaladas por al menos:

a) 35.000 firmas acreditadas del censo para las elecciones a la Asamblea.
b) 40.000 firmas acreditadas del censo para las elecciones a la Asamblea.
c) 45.000 firmas acreditadas del censo para las elecciones a la Asamblea.
d) 50.000 firmas acreditadas del censo para las elecciones a la Asamblea.

16. La Presidencia se trata en el Estatuto de Autonomía en el:

a) Capítulo II del Título I.
b) Capítulo II del Título II.
c) Capítulo II del Título III.
d) Capítulo III del Título II.

17. El candidato a Presidente de la Junta de Extremadura es propuesto por el:

a) Anterior Presidente de la Comunidad Autónoma.
b) Rey.
c) El Presidente de la Asamblea de Extremadura.
d) El grupo político con mayor representación.

18. El candidato propuesto presentará su programa a la Asamblea dentro de:

a) Los 15 días siguientes a su designación.
b) El mes siguiente a su designación.
c) Los 7 días siguientes a su designación.
d) Los 10 días siguientes a su designación.

19. Como Presidente de la Junta de Extremadura le corresponde al Presidente:

a) Ejercer la representación de Extremadura en sus relaciones con las instituciones del Estado, con otras Comunidades Autónomas y con las demás administraciones públicas, y en el ámbito internacional cuando proceda.
b) Asegurar en el ámbito de la Comunidad Autónoma el respeto al orden constitucional y al resto del ordenamiento jurídico, adoptando las medidas que fuesen necesarias en el marco de las competencias que le son propias.
c) Establecer, de acuerdo con su programa político, las directrices generales de la acción de gobierno e impulsar, dirigir y coordinar la acción del mismo.
d) Convocar elecciones a la Asamblea de Extremadura, la sesión constitutiva de esta y, en su caso, disolverla en los términos previstos en este Estatuto.

20. Si la Asamblea negara su confianza al Presidente de la Junta, éste presentará su dimisión ante aquélla, cuyo Presidente convocará, la sesión plenaria para la elección de nuevo Presidente, en el plazo máximo de:

a) Cinco días.
b) Diez días.
c) Quince días.
d) Un mes.

En MADTEST tienes **más preguntas de este tema, comentadas y argumentadas**, y todos tus avances quedan registrados y se reflejan en el ranking.

¡Supera tus límites con MADTEST!

Solución al test n.º 2

1. b) Las Cortes Generales por la Ley Orgánica 1/83, de 25 de febrero.

2. c) Ley Orgánica 1/2011 de 28 de enero.

3. a) Un Título Preliminar, 7 Títulos, 7 Disposiciones Adicionales, 1 Disposición Derogatoria y una disposición Final.

4. c) Título II.

5. c) La organización territorial.

6. c) Siete primeros artículos.

7. c) Del Pueblo, de la Constitución y del Estatuto.

8. d) Todos los anteriores.

9. d) Todos ellos.

10. d) Velarán por la especial protección de aquellos sectores de población con especiales necesidades de cualquier tipo.

11. a) Capítulo I del Título II.

12. b) Ejercer el control de los medios de comunicación social dependientes de la Comunidad Autónoma.

13. b) En número máximo de 65.

14. b) Quince días siguientes a la celebración de las elecciones.

15. c) 45.000 firmas acreditadas del censo para las elecciones a la Asamblea.

16. b) Capítulo II del Título II.

17. c) El Presidente de la Asamblea de Extremadura.

18. a) Quince días siguientes a su designación.

19. c) Establecer, de acuerdo con su programa político, las directrices generales de la acción de gobierno e impulsar, dirigir y coordinar la acción del mismo.

20. c) Quince días.

El Estatuto Marco del Personal Estatutario de los Servicios de Salud: Normas generales. Clasificación del personal estatutario. Derechos y deberes. Adquisición y pérdida de la condición de personal estatutario fijo

1. El personal estatutario con nombramiento expedido para el ejercicio de una profesión o especialidad sanitaria se denomina:

a) Personal sanitario.
b) Otro personal.
c) Personal de mantenimiento.
d) Personal de gestión y servicios.

2. El personal estatutario con nombramiento expedido para el desempeño de funciones de gestión o para el desempeño de profesiones u oficios que no tengan carácter sanitario se denomina:

a) Personal universitario.
b) Personal de gestión y servicios.
c) Personal directivo.
d) Personal administrativo.

3. Según establece el art. 8 de la Ley 55/2003, de 16 de diciembre, del Estatuto Marco de los Servicios de Salud, es personal estatutario fijo:

a) El que, una vez superado el correspondiente proceso selectivo, obtiene un nombramiento para el desempeño, con carácter permanente, de las funciones que de tal nombramiento se deriven.
b) Todo el personal al servicio de los Servicios de Salud.
c) El personal que realice una prestación de servicios determinados de naturaleza temporal, coyuntural o extraordinaria.
d) El personal en posesión de un contrato laboral indefinido.

4. Conforme al artículo 9.1 del Estatuto Marco (*en redacción dada por el Real Decreto-ley 12/2022, de 5 de julio, por el que se modifica la Ley 55/2003, de 16 de diciembre, del Estatuto Marco del personal estatutario de los servicios de salud*) los nombramientos del Personal Estatutario Temporal de los Servicios de Salud serán:

a) Únicamente de Personal Estatutario Sanitario.
b) Personal Estatutario Contratado.
c) De interinidad.
d) Como Personal Laboral.

5. Conforme a lo dispuesto en el artículo 2.2 de la Ley 55/2003, de 16 de diciembre, del Estatuto Marco del personal estatutario de los servicios de salud, en lo no previsto en la misma serán aplicables al personal estatutario:

a) Las disposiciones y principios generales sobre función pública de la Administración correspondiente.
b) Las disposiciones de derecho laboral, dictadas al amparo del artículo 149.1.7º de la Constitución.
c) Las disposiciones sobre función pública de la Administración del Estado, en todo caso, conforme a lo dispuesto en el artículo 149.3 de la Constitución.
d) El convenio colectivo del personal laboral al servicio de la Administración correspondiente.

6. Conforme al artículo 6.2 de la Ley 55/2003, de 16 de diciembre, del Estatuto Marco del personal estatutario de los servicios de salud, atendiendo al nivel académico del título exigido para el ingreso, el personal estatutario sanitario de formación profesional se divide en:

a) Técnicos sanitarios y Auxiliares de Enfermería.
b) Técnicos superiores y Técnicos.
c) Técnicos superiores y Técnicos de gestión.
d) Técnicos especialistas y Técnicos.

7. La categoría profesional de Celador está comprendida dentro del grupo de:

a) Personal de gestión y servicios.
b) Personal no estatutario.
c) Personal estatutario sanitario.
d) Personal estatutario de formación profesional.

8. Es personal Estatutario Sanitario:

a) El que ejerce una profesión o especialidad sanitaria.
b) El que ostenta esta condición en virtud de nombramiento expedido para el ejercicio de una profesión o especialización sanitaria.

c) El que desempeña una categoría clasificada como sanitaria.
d) Quien ejerza una profesión sanitaria sin ostentar la condición de funcionario.

9. El personal Estatutario de Gestión y Servicio se clasifica en función del título exigido para el ingreso en:

a) Personal de formación universitaria, personal de formación personal y otro personal.
b) Personal universitario, personal de formación profesional y personal subalterno.
c) Personal licenciado universitario, personal de administración y personal auxiliar.
d) Ninguna es correcta.

10. El Estatuto Marco del Personal Estatutario de los Servicios de Salud está regulado por:

a) Una Ley orgánica.
b) Una Ley ordinaria.
c) Un Real Decreto.
d) Un Reglamento.

11. No constituye un derecho individual del personal estatutario:

a) La estabilidad en el empleo.
b) La movilidad voluntaria.
c) El descanso necesario.
d) La negociación colectiva.

12. El régimen de derechos del personal estatutario será aplicable al personal temporal:

a) En la medida en que la naturaleza del derecho lo permita.
b) En todo caso.
c) En ningún caso.
d) Solo cuando así se establezca en su nombramiento.

13. En relación con los derechos y deberes regulados en el Estatuto Marco, no se considera un derecho colectivo:

a) La huelga.
b) La actividad sindical.
c) La reunión.
d) La estabilidad en el empleo.

14. Entre los siguientes derechos que le reconoce el Estatuto Marco al personal estatutario, ¿cuál de ellos no tiene el carácter de derecho individual?

a) La estabilidad en el empleo.
b) El respeto a la dignidad e intimidad personal en el trabajo.
c) La formación continuada adecuada a la función desempeñada.
d) La inamovilidad del puesto de trabajo.

15. El personal estatutario de los servicios de salud tiene el deber de:

a) Participar en la elaboración de los convenios colectivos.
b) Realizar sus funciones fuera del horario y jornada habitual.
c) Realizar actividades sindicales.
d) Respetar la Constitución, el Estatuto de Autonomía correspondiente y el resto del ordenamiento jurídico.

16. Según el Estatuto Marco del Personal Estatutario de los Servicios de Salud, ¿cuál de los siguientes es un derecho colectivo?

a) Derecho a la percepción puntual de las retribuciones e indemnizaciones por razón del servicio en cada caso establecidas.
b) Derecho a la libre sindicación.
c) Derecho a la movilidad voluntaria, promoción interna y desarrollo profesional, en la forma en que prevean las disposiciones en cada caso aplicables.
d) Derecho a la jubilación en los términos y condiciones establecidas en las normas en cada caso aplicables.

17. Conforme al artículo 5 de la Ley 55/2003, de 16 de diciembre, el personal estatutario de los Servicios de Salud, se clasifica con diferentes criterios, atendiendo:

a) A la función desarrollada; al nivel del título exigido para su ingreso; y al tipo de contrato.
b) Al nivel del título exigido para su ingreso; y al tipo de nombramiento.
c) A su carácter de propietario, interino o eventual.
d) A la función desarrollada; al nivel del título exigido para su ingreso; y al tipo de nombramiento.

18. En el supuesto de existencia de plaza vacante, son estatutarios interinos los que, por razones expresamente justificadas de necesidad y urgencia, son nombrados como tales con carácter temporal para el desempeño de funciones propias de estatutarios, cuando no sea posible su cobertura por personal estatutario fijo, durante un plazo máximo de:

a) Dos años.
b) Tres años.

c) Cuatros años.
d) Seis años.

19. La Ley 55/2003 del Estatuto Marco de Personal Estatutario de los Servicios de Salud es de aplicación:

a) Al personal estatutario que integra las profesiones sanitarias.
b) Al personal estatutario que desempeña su función en los centros e instituciones sanitarias de los servicios de salud.
c) Al personal funcionario de los servicios de salud de las Comunidades Autónomas.
d) Al personal sanitario, excluyendo el personal de gestión y servicios.

20. El Estatuto Marco del personal estatutario considera a este personal como titular de una relación:

a) Funcionarial común.
b) Laboral común.
c) Estatutaria de la Seguridad Social.
d) Funcionarial especial.

En MADTEST tienes **más preguntas de este tema, comentadas y argumentadas**, y todos tus avances quedan registrados y se reflejan en el ranking.

¡Supera tus límites con MADTEST!

Solución al test n.º 3

1. a) Personal sanitario.

2. b) Personal de gestión y servicios.

3. a) El que, una vez superado el correspondiente proceso selectivo, obtiene un nombramiento para el desempeño, con carácter permanente, de las funciones que de tal nombramiento se deriven.

4. c) De interinidad.

5. a) Las disposiciones y principios generales sobre función pública de la Administración correspondiente.

6. b) Técnicos superiores y Técnicos.

7. a) Personal de gestión y servicios.

8. b) El que ostenta esta condición en virtud de nombramiento expedido para el ejercicio de una profesión o especialización sanitaria.

9. a) Personal de formación universitaria, personal de formación personal y otro personal.

10. b) Una Ley ordinaria.

11. d) La negociación colectiva.

12. a) En la medida en que la naturaleza del derecho lo permita.

13. d) La estabilidad en el empleo.

14. d) La inamovilidad del puesto de trabajo.

15. d) Respetar la Constitución, el Estatuto de Autonomía correspondiente y el resto del ordenamiento jurídico.

16. b) Derecho a la libre sindicación.

17. d) A la función desarrollada; al nivel del título exigido para su ingreso; y al tipo de nombramiento.

18. b) Tres años.

19. b) Al personal estatutario que desempeña su función en los centros e instituciones sanitarias de los servicios de salud.

20. d) Funcionarial especial.

TEST N.º 4

Ley de Salud de Extremadura: objeto, ámbito y principios rectores. El Sistema Sanitario Público de Extremadura: disposiciones generales y derechos y deberes de los ciudadanos respecto al Sistema Sanitario. Los Estatutos del Organismo Autónomo Servicio Extremeño de Salud

1. Es objeto de la Ley 10/2001, de 28 de junio, de Salud de Extremadura:

a) El reconocimiento de la protección de la salud en la Comunidad Autónoma de Extremadura.

b) La creación del Servicio Extremeño de Salud.

c) La universalización de la atención sanitaria en el ámbito de la Comunidad Autónoma de Extremadura.

d) La regulación de la Tarjeta Sanitaria en el ámbito de la Comunidad Autónoma de Extremadura.

2. Siguiendo el artículo 3 de la Ley 10/2001 de Salud de Extremadura, uno de sus principios rectores es la concepción integral de la salud:

a) Así como de su coordinación, descentralización, autonomía y responsabilidad.

b) Garantizando la igualdad efectiva en las condiciones de acceso a los servicios y actuaciones sanitarias.

c) Incluyendo actuaciones de promoción, prevención, asistencia, rehabilitación e incorporación social.

d) En la asignación, utilización y gestión de los recursos.

3. El artículo 4 de la Ley 10/2001 define el Sistema Sanitario Público de Extremadura como:

a) Un conjunto de centros y dependencias sanitarias.

b) Un organismo autónomo con personalidad propia.

c) Un compendio de normas jurídicas en torno al derecho a la protección de la salud.

d) Un conjunto de recursos, actividades y prestaciones.

4. Conforme al artículo 4.2 de la Ley 10/2001, ¿quién garantiza el funcionamiento armónico y eficaz del Sistema Sanitario Público de Extremadura, en los términos de esta ley y mediante las facultades de dirección, coordinación, ordenación, planificación, supervisión y control que en ella se le atribuyen?

a) La Junta de Extremadura.
b) La Asamblea de Extremadura.
c) La Consejería de Salud y Servicios Sociales.
d) El Gobierno español.

5. Comprende el conjunto de cuidados destinados a aquellos enfermos, generalmente crónicos, que por sus especiales características pueden beneficiarse de la actuación simultánea y sinérgica de los servicios sanitarios y sociales para aumentar su autonomía, paliar sus limitaciones o sufrimientos y facilitar su reinserción social:

a) La atención primaria.
b) La atención especializada.
c) La atención sociosanitaria.
d) La prestación de salud pública.

6. Las prestaciones de salud pública se ejercerán a partir de las estructuras de salud pública de las Administraciones y de la infraestructura de atención primaria del Sistema Nacional de Salud, con un carácter:

a) De integralidad.
b) De confidencialidad.
c) Asistencial.
d) Disciplinario.

7. En el ámbito sanitario, la atención sociosanitaria se llevará a cabo en los niveles de atención que cada comunidad autónoma determine y en cualquier caso comprenderá:

a) Los cuidados sanitarios de corta duración.
b) La atención sanitaria a la convalecencia.
c) La rehabilitación en pacientes con déficit funcional no recuperable.
d) La indicación o prescripción, y la realización, en su caso, de procedimientos diagnósticos y terapéuticos.

8. Comprende todas las actividades asistenciales de prevención, diagnóstico, tratamiento y rehabilitación que se realicen en centros sanitarios o sociosanitarios, así como el transporte sanitario urgente, cubiertos de forma completa por financiación pública:

a) La cartera común básica de servicios asistenciales del Sistema Nacional de Salud.
b) La cartera común suplementaria del Sistema Nacional de Salud.

c) La cartera común de servicios accesorios del Sistema Nacional de Salud.

d) La cartera especial de servicios asistenciales del Sistema Nacional de Salud.

9. NO se incluye en la cartera común suplementaria del Sistema Nacional de Salud:

a) Prestación farmacéutica.

b) Prestación ortoprotésica.

c) Prestación con productos dietéticos.

d) Transporte sanitario urgente.

10. El contenido de la cartera común de servicios del Sistema Nacional de Salud se determinará:

a) Por acuerdo del Consejo Interterritorial del Sistema Nacional de Salud.

b) Por acuerdo del Consejo de Ministros.

c) Por Orden del Ministerio de Sanidad.

d) Por Ley del Parlamento español.

11. Corresponde a la Consejería de Salud y Servicios Sociales:

a) La aprobación del Plan de Salud de Extremadura.

b) La aprobación del mapa sanitario de la Comunidad.

c) El establecimiento de las directrices de la política sanitaria de la Comunidad Autónoma.

d) Establecer los principios generales que han de informar la política de salud en la Comunidad Autónoma de Extremadura, proponiendo los criterios generales de planificación.

12. Los titulares de los derechos recogidos en la Ley 10/2001, tienen derecho a ser advertidos de si los procedimientos de pronóstico, diagnóstico y terapéuticos que se le apliquen pudieran ser utilizados en un proyecto docente o de investigación:

a) Cuando dicha aplicación comporte riesgo adicional para la salud.

b) En todo caso será imprescindible la previa autorización de palabra o por escrito del paciente.

c) En todo caso será imprescindible la aceptación por parte del médico y de la dirección del correspondiente centro sanitario.

d) Siendo recomendable la previa autorización por escrito del paciente.

13. Sin perjuicio de la libertad de empresa, cuál de los siguientes derechos de los usuarios de los servicios sanitarios del Sistema Sanitario Público de Extremadura será ejercido también con respecto a los servicios sanitarios privados:

a) A participar en las actividades sanitarias a través de los cauces previstos en la normativa básica estatal, en la Ley 10/2001 y en cuantas disposiciones la desarrollen.

b) A la libre elección de médico, servicio y centro, así como a obtener una segunda opinión médica.

c) A la utilización de los procedimientos de reclamación y sugerencias, así como a recibir respuestas por escrito, siempre de acuerdo con los plazos que reglamentariamente se establezcan.

d) Al libre acceso al defensor de los usuarios del Sistema Sanitario Público de Extremadura.

14. ¿Cuál es el órgano colegiado superior de carácter consultivo, de participación ciudadana y de formulación y control de la política sanitaria en la Comunidad Autónoma de Extremadura?

a) El Consejo Extremeño de Salud.
b) El Consejo Interterritorial de Salud.
c) El Consejo Regional de Pacientes de Extremadura.
d) El Consejo General del Servicio Extremeño de Salud.

15. Señalar, conforme al artículo 13 de la Ley 10/2001, de cuál de los siguientes no se contempla su participación en el Consejo Extremeño de Salud:

a) De las Administraciones Locales.
b) De los sindicatos y las organizaciones empresariales más representativas a nivel de Extremadura.
c) De la Universidad de Extremadura.
d) De las organizaciones de consumidores y usuarios.

16. El Defensor de los Usuarios del Sistema Sanitario Público de Extremadura dará cuenta de sus actividades anualmente:

a) Al Consejo de Gobierno de la Junta de Extremadura.
b) Al Consejo Extremeño de Salud.
c) Al Pleno de la Asamblea de Extremadura.
d) Al Consejo General del Servicio Extremeño de Salud.

17. El Defensor de los Usuarios del Sistema Sanitario Público de Extremadura será designado por el Consejo de Gobierno de la Junta de Extremadura a propuesta de:

a) El Consejo Extremeño de Salud.
b) El Consejo Regional de Pacientes de Extremadura.
c) El Consejero de Sanidad y Servicios Sociales.
d) El Consejo Regional de Consumidores y Usuarios.

18. El Defensor de los Usuarios del Sistema Sanitario Público de Extremadura será designado por un período de:

a) 3 años.
b) 4 años.

c) 5 años.
d) 6 años.

19. ¿Qué título de la Ley 10/2001, de Salud de Extremadura, se refiere al Plan de Salud de Extremadura?

a) El título I.
b) El título II.
c) El título III.
d) El título IV.

20. El título III de los Estatutos del Servicio Extremeño de Salud se refiere a:

a) Objeto y ámbitos territorial y funcional.
b) Régimen de contratación administrativa y de recursos humanos.
c) Organización y funcionamiento.
d) Régimen jurídico, patrimonial y financiero.

Solución al test n.º 4

1. b) La creación del Servicio Extremeño de Salud.

2. c) Incluyendo actuaciones de promoción, prevención, asistencia, rehabilitación e incorporación social.

3. d) Un conjunto de recursos, actividades y prestaciones.

4. a) La Junta de Extremadura.

5. c) La atención sociosanitaria.

6. a) De integralidad.

7. b) La atención sanitaria a la convalecencia.

8. a) La cartera común básica de servicios asistenciales del Sistema Nacional de Salud.

9. d) Transporte sanitario urgente.

10. a) Por acuerdo del Consejo Interterritorial del Sistema Nacional de Salud.

11. d) Establecer los principios generales que han de informar la política de salud en la Comunidad Autónoma de Extremadura, proponiendo los criterios generales de planificación.

12. c) En todo caso será imprescindible la aceptación por parte del médico y de la dirección del correspondiente centro sanitario.

13. c) A la utilización de los procedimientos de reclamación y sugerencias, así como a recibir respuestas por escrito, siempre de acuerdo con los plazos que reglamentariamente se establezcan.

14. a) El Consejo Extremeño de Salud.

15. c) De la Universidad de Extremadura.

16. b) Al Consejo Extremeño de Salud.

17. d) El Consejo Regional de Consumidores y Usuarios.

18. c) 5 años.

19. b) El título II.

20. d) Régimen jurídico, patrimonial y financiero.

TEST DEL
TEMARIO ESPECÍFICO

Nociones básicas de la asistencia sanitaria (I): La Atención Primaria: la Zona Básica de Salud, los Equipos de Atención Primaria y el Centro de Salud. Nociones básicas de la asistencia sanitaria (II): La atención especializada. Los Órganos directivos, reglamento de estructura y organización y funcionamiento de los hospitales. Hospitales de la Comunidad Autónoma de Extremadura

1. Cuando en un sistema de atención a la salud hablamos de Atención Secundaria hacemos referencia:

a) Al nivel más básico y elemental del sistema.
b) A un nivel no básico sin o especializado.
c) A un nivel superespecializado del sistema.
d) Ninguna respuesta es correcta.

2. Señale la respuesta incorrecta respecto al concepto de Atención Primaria:

a) Constituye el primer nivel de acceso ordinario de la población al Sistema Sanitario Público, y se caracteriza por prestar atención integral a la salud.
b) En los servicios de Atención Primaria el usuario halla respuesta a sus problemas más habituales de salud y enfermedad, y sólo cuando el diagnóstico y tratamiento lo requieran y ya no pueda ser atendido con los medios de ese primer nivel, será derivado a la Atención Especializada.
c) La Atención Primaria se desarrolla al principio de la década de los sesenta, como una reacción en contra del sistema sanitario básicamente hospitalario y curativo, especializado, costoso, tecnificado, y alejado del individuo.
d) En los servicios de Atención Primaria el usuario halla respuesta a sus problemas más habituales de salud y enfermedad, y sólo cuando el diagnóstico y tratamiento lo requieran y ya no pueda ser atendido con los medios de ese primer nivel, será derivado a la Atención Especializada.

3. ¿Dónde se realizó la Conferencia Internacional sobre Atención Primaria de Salud en la que se definió en su punto VI lo que debe entenderse por Atención Primaria?

a) En Boston.
b) En Berlín.

c) En Kiev.
d) En Alma-Ata.

4. Con carácter general, el acceso a la asistencia ambulatoria especializada se realizará por:

a) Indicación del médico especialista.
b) A través de los servicios de urgencia.
c) Indicación del médico de atención primaria.
d) Cualquiera de los enumerados anteriormente.

5. La atención de urgencia en los hospitales se presta, a los pacientes no ingresados que sufran una situación clínica aguda que obligue a una atención inmediata de los servicios del hospital, durante:

a) De lunes a viernes de 8 a 15 horas.
b) De lunes a viernes de 8 a 22 horas.
c) De lunes a viernes las 24 horas.
d) Todos los días durante las veinticuatro horas.

6. Conforme a lo establecido en el artículo 65 de la LGS, los hospitales quedan adscritos a:

a) Un Distrito Sanitario.
b) Una Zona de Salud.
c) Un Área de Salud.
d) Una Demarcación Médica.

7. Los Servicios jerarquizados de Especialidades que por sus características deban prestar asistencia sanitaria a más de un Área de Salud se denominan:

a) Servicios de referencia.
b) Servicios comunes.
c) Servicios de área.
d) Servicios base.

8. Los hospitales tienen como función primordial la de:

a) Prestación de asistencia especializada.
b) Promoción de la salud.
c) Prevención de las enfermedades.
d) Todas las respuestas son correctas.

9. ¿Qué es una Zona de Salud (ZS) en Extremadura?

a) Un área hospitalaria de referencia.
b) El marco territorial y poblacional donde se presta la atención primaria.

c) Un centro privado de salud en cada comunidad.
d) Un área específica para emergencias sanitarias.

10. ¿Qué tipo de centros forman parte de la Atención Primaria en Extremadura?

a) Hospitales y clínicas privadas.
b) Centros de salud, consultorios locales y unidades de apoyo.
c) Solo los centros de planificación familiar.
d) Solo hospitales comarcales.

11. ¿Cuál es el centro de referencia dentro de una Zona de Salud?

a) El centro de salud.
b) El hospital más cercano.
c) Los consultorios locales.
d) La unidad de urgencias.

12. ¿Cuál es la función principal de los consultorios locales?

a) Realizar intervenciones quirúrgicas.
b) Prestar atención sanitaria sin ser un centro de salud.
c) Gestionar exclusivamente las emergencias médicas.
d) Supervisar la atención hospitalaria.

13. ¿Quiénes integran el Equipo de Atención Primaria (EAP)?

a) Personal sanitario y personal de gestión y servicios.
b) Solo médicos y enfermeros.
c) Exclusivamente personal administrativo.
d) Solo celadores y fisioterapeutas.

14. ¿Cuál es la misión principal del EAP?

a) Organizar el transporte sanitario.
b) Atender las necesidades de salud y resolver las que sean de su competencia.
c) Coordinar las unidades de urgencias.
d) Administrar la gestión financiera de los centros.

15. ¿Qué profesionales forman parte del personal sanitario del EAP?

a) Solo médicos de familia y pediatras.
b) Médicos, pediatras, enfermeros, fisioterapeutas y otros especialistas sanitarios.
c) Exclusivamente veterinarios y farmacéuticos.
d) Solo médicos de urgencias.

16. ¿Qué personal de gestión y servicios forma parte del EAP?

a) Solo administrativos.
b) Trabajadores sociales, auxiliares administrativos y celadores.
c) Únicamente celadores.
d) Solo directivos sanitarios.

17. ¿Cuál es el método de trabajo dentro del EAP?

a) Trabajo independiente de cada profesional.
b) Trabajo en equipo bajo la dirección de la ZS.
c) Supervisión directa del hospital de referencia.
d) Evaluación exclusiva de la Gerencia del Área.

18. ¿Cómo se organizan las actividades en el EAP?
a) Sin planificación previa.
b) Siguiendo protocolos basados en la evidencia.
c) Con decisiones improvisadas.
d) Según las normas del hospital de referencia.

19. ¿Qué centros forman parte de las unidades de apoyo?

a) Centros de planificación familiar, unidades de salud bucodental, unidades de radiología y equipos de conductas adictivas.
b) Solo centros de urgencias.
c) Centros de salud privados.
d) Consultorios rurales.

20. ¿En qué ciudad se encuentra el Hospital Campo Arañuelo?

a) Plasencia.
b) Navalmoral de la Mata.
c) Mérida.
d) Cáceres.

En MADTEST tienes **más preguntas de este tema, comentadas y argumentadas**, y todos tus avances quedan registrados y se reflejan en el ranking.

¡Supera tus límites con MADTEST!

Solución al test n.º 1

1. b) A un nivel no básico sino especializado.

2. c) La Atención Primaria se desarrolla al principio de la década de los sesenta, como una reacción en contra del sistema sanitario básicamente hospitalario y curativo, especializado, costoso, tecnificado, y alejado del individuo.

3. d) En Alma-Ata.

4. c) Indicación del médico de atención primaria.

5. d) Todos los días durante las veinticuatro horas.

6. c) Un Área de Salud.

7. a) Servicios de referencia.

8. d) Todas las respuestas son correctas.

9. b) El marco territorial y poblacional donde se presta la atención primaria.

10. b) Centros de salud, consultorios locales y unidades de apoyo.

11. a) El centro de salud.

12. b) Prestar atención sanitaria sin ser un centro de salud.

13. a) Personal sanitario y personal de gestión y servicios.

14. b) Atender las necesidades de salud y resolver las que sean de su competencia.

15. b) Médicos, pediatras, enfermeros, fisioterapeutas y otros especialistas sanitarios.

16. b) Trabajadores sociales, auxiliares administrativos y celadores.

17. b) Trabajo en equipo bajo la dirección de la ZS.

18. b) Siguiendo protocolos basados en la evidencia.

19. a) Centros de planificación familiar, unidades de salud bucodental, unidades de radiología y equipos de conductas adictivas.

20. b) Navalmoral de la Mata.

TEST N.º 2

El personal subalterno: Funciones del celador. Funciones del jefe de personal subalterno. Funciones del celador en Atención Primaria y en Atención Continuada. Funciones de vigilancia. Atención e información a pacientes y usuario

1. Según el Decreto 47/2023, ¿cuál es una función común a todo el personal de Atención Primaria?

a) Realizar diagnósticos médicos.
b) Participar en actividades preventivas y promoción de la salud.
c) Aprobar el presupuesto del centro de salud.
d) Elaborar nuevas leyes sanitarias.

2. ¿En qué situaciones debe participar el personal de Atención Primaria en actividades de salud pública?

a) Solo en emergencias hospitalarias.
b) Cuando haya brotes epidémicos, epidemias o pandemias.
c) En situaciones de epidemias, pandemias y brotes epidémicos.
d) Solo en consultas programadas.

3. ¿Cómo debe organizarse el trabajo dentro del Equipo de Atención Primaria?

a) Aplicando la metodología de trabajo en equipo.
b) Cada profesional trabaja de manera independiente.
c) Solo los médicos toman decisiones.
d) Sin necesidad de coordinación entre áreas.

4. ¿Qué función tiene el personal de Atención Primaria en relación con la Administración Sanitaria?

a) Participar en la elaboración y ejecución de programas y procesos asistenciales.
b) Gestionar el pago de los empleados sanitarios.

c) Decidir el presupuesto anual del centro.
d) Aprobar normas administrativas.

5. ¿Qué función cumple el personal de Atención Primaria respecto a los servicios sociales?

a) Coordinarse con servicios sociales y de atención a la dependencia.
b) Solo atender casos de emergencia social.
c) Derivar pacientes sin más intervención.
d) Realizar trámites administrativos.

6. ¿Qué tarea desempeña el celador en la recepción del centro de salud?

a) Atender telefónicamente a los usuarios.
b) Gestionar la historia clínica de los pacientes.
c) Realizar prescripciones médicas.
d) Organizar reuniones médicas.

7. ¿Cómo colabora el celador con la unidad administrativa del centro?

a) Registrando datos de los pacientes en los sistemas informáticos.
b) Gestionando la contabilidad del centro.
c) Supervisando la medicación de los pacientes.
d) Elaborando protocolos de actuación médica.

8. ¿En qué situaciones debe actuar el celador para canalizar a los pacientes?

a) Tanto en horario normal como en el turno de atención continuada.
b) Solo durante emergencias.
c) Únicamente en horario de mañana.
d) Nunca, esa función corresponde a los médicos.

9. ¿Qué actividad realiza el celador en el traslado de pacientes?

a) Ayudar en la movilidad de personas con dificultades.
b) Diagnosticar problemas de movilidad.
c) Realizar tratamientos fisioterapéuticos.
d) Evaluar la gravedad de las enfermedades.

10. ¿Qué garantiza la atención continuada asistencial en APS?

a) La atención sanitaria permanente a la población.
b) Servicios médicos privados de urgencia.
c) Atención solo en hospitales.
d) Un servicio exclusivo para emergencias.

11. ¿Cuándo deberán ayudar los/as celadores/as en la práctica de autopsias?

a) Cuando el Jefe del Servicio no tenga ayudante.
b) Cuando le sea ordenado por la Supervisora de planta.
c) Deberá negarse porque no es función propia de su puesto.
d) Cuando sus funciones no requieran hacer uso de instrumental sobre el cadáver.

12. ¿En qué artículo del Estatuto de Personal no sanitario vienen recogidas las funciones del celador/a?

a) Artículo 12.1.
b) Artículo 13.2.
c) Artículo 14.3.
d) Artículo 14.2.

13. ¿Quién debe encomendar a los/as celadores/as que bañen a los enfermos masculinos encamados o que no puedan realizarlo por sí mismos?

a) El Jefe de Personal Subalterno.
b) Las Supervisoras de planta o servicio o personas que las sustituyan.
c) El/la enfermero/a de planta.
d) El personal auxiliar de enfermería.

14. ¿De quién es la responsabilidad de la vigilancia nocturna de la Institución, tanto del interior como del exterior del edificio, del que cuidarán estén cerradas las puertas de servicios complementarios?

a) Del celador/a.
b) Del jefe del servicio.
c) Del vigilante de seguridad.
d) De la empresa contratada para tal fin.

15. ¿Quién delegará sus funciones en el jefe de personal subalterno?

a) La supervisora de enfermería.
b) El Jefe de Subalternos.
c) El Director de Gestión y Servicios Generales.
d) El Jefe de Personal de Oficio.

16. La lista de espera en cuanto a disponibilidad de camas en un hospital se actualizará:

a) Constantemente.
b) Cada tres días.

c) Cada semana.

d) Cada mes.

17. ¿Qué función de estas no desempeña la Unidad de Admisión de urgencias en la recepción y registro de los pacientes?

a) Datos de filiación del paciente (nombre y apellidos, edad, sexo, domicilio…).

b) Persona que lo remite a urgencias: médico de familia, especialista, autoridad, o por propia iniciativa.

c) Motivo de la urgencia.

d) Fecha del alta y causa de la misma: curación, alta voluntaria, traslado a otro centro, defunción u otras causas.

18. ¿Qué tipo de asistencia se lleva a cabo en las consultas externas del Hospital reciban o no después el régimen de hospitalización?

a) Asistencia Primaria.

b) Asistencia Especializada.

c) Asistencia Ambulatoria.

d) Asistencia Derivada.

19. ¿Por qué Plan se regirá la Admisión de Consultas en un Hospital?

a) Se regirá por el Plan de Organización de las Consultas Externas.

b) Se regirá por el Plan de Organización de las Consultas Internas.

c) Se regirá por el Plan de Organización de las Consultas de Urgencias.

d) Se regirá por el Plan de Organización de las Consultas Externas, Internas y de Urgencias.

20. ¿De quién depende y está adscrito por normativa el Servicio de Atención al Paciente (SAP) a nivel hospitalario?

a) De la División Médica.

b) De la Gerencia.

c) De la División de Enfermería.

d) Del Servicio Provincial de Salud.

En MADTEST tienes **más preguntas de este tema, comentadas y argumentadas**, y todos tus avances quedan registrados y se reflejan en el ranking.

¡Supera tus límites con MADTEST!

Solución al test n.º 2

1. b) Participar en actividades preventivas y promoción de la salud.

2. c) En situaciones de epidemias, pandemias y brotes epidémicos.

3. a) Aplicando la metodología de trabajo en equipo.

4. a) Participar en la elaboración y ejecución de programas y procesos asistenciales.

5. a) Coordinarse con servicios sociales y de atención a la dependencia.

6. a) Atender telefónicamente a los usuarios.

7. a) Registrando datos de los pacientes en los sistemas informáticos.

8. a) Tanto en horario normal como en el turno de atención continuada.

9. a) Ayudar en la movilidad de personas con dificultades.

10. a) La atención sanitaria permanente a la población.

11. d) Cuando sus funciones no requieran hacer uso de instrumental sobre el cadáver.

12. d) Artículo 14.2.

13. b) Las Supervisoras de planta o servicio o personas que las sustituyan.

14. a) Del celador/a.

15. c) El Director de Gestión y Servicios Generales.

16. a) Constantemente.

17. d) Fecha del alta y causa de la misma: curación, alta voluntaria, traslado a otro centro, defunción u otras causas.

18. c) Asistencia Ambulatoria.

19. a) Se regirá por el Plan de Organización de las Consultas Externas.

20. b) De la Gerencia.

Actuación en las habitaciones de los enfermos y las estancias comunes. Aseo del paciente. Normas de actuación ante incendios y emergencias en centros sanitarios

1. ¿Cómo se denomina también a la cama ortopédica o traumatológica?

a) Cama de Judet.
b) Potro ginecológico.
c) Somier.
d) Bouchat.

2. El marco triangular de Balkan lo posee la cama:

a) Ortopédica de Judet.
b) Bouchat.
c) De levitación.
d) Electrocircular o de Striker.

3. ¿Qué tipo de cama está indicada para pacientes que sufren fracturas de las extremidades?

a) Cama ortopédica de Judet.
b) Cama hospitalaria.
c) Cama de levitación.
d) Cama Electrocircular o de Striker.

4. El denominado potro se emplea para:

a) Encamar a quemados.
b) Exploración ginecológica.
c) Encamar a pacientes con UPP.
d) Encamar a enfermos con grandes traumatismos.

5. El armazón para el volteo Foster se emplea:

a) Para facilitar al paciente la respiración.
b) Para el cambio postural.
c) Evitar infecciones micóticas.
d) Para liberar de estrés al paciente.

6. Una de las siguientes normas para realizar el aseo de un paciente es un error. Indica cuál:

a) Mantener la habitación a una temperatura adecuada.
b) Preparar el material necesario y tenerlo a mano.
c) Colocar al paciente en la posición más cómoda posible.
d) Ventilar la habitación durante el baño.

7. Señala, de los siguientes materiales, cuál de ellos no sería material de protección para el baño:

a) Hule.
b) Toallas.
c) Manta de baño.
d) Biombo.

8. ¿Qué tipo de pinza debe llevarse entre el material para el lavado?

a) Pinza de Sengstaken-Blakemore (SSB).
b) Pinza de Replogle.
c) Pinza de Kocher.
d) Pinza de Kelly.

9. En relación con el procedimiento del aseo de un paciente encamado:

a) Lo último que lavaremos será la región perineal.
b) Comenzaremos por el abdomen, tórax y mamas.
c) En la zona de la cara, cuello y orejas se comenzará por el cuello.
d) Las extremidades inferiores se lavan de abajo hacia arriba.

10. En los pacientes con venóclisis o traumatismo en un miembro, el miembro afectado debe ser:

a) Dejado sin vestir hasta la recuperación.
b) El primero en ser desvestido.
c) El primero en ser vestido.
d) El último en ser vestido.

11. La distribución de los extintores de incendio será tal que el recorrido máximo horizontal, desde cualquier punto del sector de incendio, que deba ser considerado origen de evacuación, hasta el extintor, no supere:

a) 30 m.
b) 20 m.
c) 15 m.
d) 10 m.

12. Según la norma UNE-EN 2, ¿qué clase de agente extintor debemos utilizar en los fuegos derivados de la utilización de ingredientes para cocinar (aceites y grasas vegetales o animales) en los aparatos de cocina?

a) Clase F.
b) Clase B.
c) Clase C.
d) Clase A.

13. Los extintores móviles están diseñados para ser transportados y accionados a mano, están montados sobre ruedas y tienen una masa total de:

a) 20 kg.
b) Inferior a 20 kg.
c) Más de 20 kg.
d) Igual o inferior a 20 kg.

14. Señala la respuesta correcta respecto de los sistemas de bocas de incendio equipadas (BIE):

a) Se situarán siempre a una distancia máxima de 5 m de las salidas del sector de incendio, medida sobre un recorrido de evacuación, sin que constituyan obstáculo para su utilización.
b) Para las BIE con manguera semirrígida o manguera plana, la separación máxima entre cada BIE y su más cercana será de 30 m.
c) Para facilitar su manejo, la longitud máxima de la manguera de las BIE con manguera plana será de 30 m y con manguera semirrígida será de 20 m.
d) La longitud máxima de las mangueras que se utilicen en estas BIE de alta presión será de 50 m.

15. A la hora de hacer uso de un extintor de incendios portátil debemos:

a) Dirigir el chorro a las llamas, nunca a su base.
b) En caso de espacios abiertos acercarse al fuego en la dirección contraria del viento.
c) Antes de dirigir el chorro a la zona en llamas, realizar una pequeña descarga de comprobación de salida del agente extintor.
d) Acercarse al fuego dejando como mínimo cinco metros de distancia hasta él.

16. ¿A quién corresponde elegir el método de traslado de los enfermos?

a) Al personal de extinción de incendios.
b) Al o a la supervisor/a de la Unidad, en todo caso.
c) Al facultativo responsable de la Unidad.
d) A los/las celadores/as.

17. ¿Cuántos celadores/as para cada montacamas se destinarán para la utilización del mismo desde el interior en caso de alerta?

a) Uno/una.
b) Dos.
c) Tres.
d) Cuatro.

18. ¿Quién designa al director del Plan de Actuación en Emergencias como persona responsable única, con autoridad y capacidad de gestión?

a) La Administración Pública competente para otorgar la licencia o permiso determinante para la explotación o inicio de la actividad.
b) El titular de la actividad.
c) Un técnico especializado en emergencias.
d) El Centro de Coordinación de Atención de Emergencias de Protección Civil.

19. ¿Ante qué tipo de señal nos encontraremos si tiene forma rectangular o cuadrada, con un pictograma blanco sobre fondo verde?

a) Ante una señal de prohibición.
b) Ante una señal de socorro o salvamento.
c) Ante una señal de advertencia.
d) Ante una señal de obligación.

20. ¿Qué método de traslado de enfermos es seguro y confortable para los pacientes pero muy lento y complicado, necesita que las vías de evacuación sean amplias y se necesita un gran esfuerzo físico?

a) Por arrastre directo.
b) Por arrastre por colchón.
c) Por levantamiento.
d) Por arrastre con silla.

En MADTEST tienes **más preguntas de este tema, comentadas y argumentadas**, y todos tus avances quedan registrados y se reflejan en el ranking.

¡Supera tus límites con MADTEST!

Solución al test n.º 3

1. a) Cama de Judet.

2. a) Ortopédica de Judet.

3. a) Cama ortopédica de Judet.

4. b) Exploración ginecológica.

5. b) Para el cambio postural.

6. d) Ventilar la habitación durante el baño.

7. b) Toallas.

8. c) Pinza de Kocher.

9. a) Lo último que lavaremos será la región perineal.

10. c) El primero en ser vestido.

11. c) 15 m.

12. a) Clase F.

13. c) Más de 20 kg.

14. a) Se situarán siempre a una distancia máxima de 5 m de las salidas del sector de incendio, medida sobre un recorrido de evacuación, sin que constituyan obstáculo para su utilización.

15. c) Antes de dirigir el chorro a la zona en llamas, realizar una pequeña descarga de comprobación de salida del agente extintor.

16. c) Al facultativo responsable de la Unidad.

17. a) Uno/una.

18. b) El titular de la actividad.

19. b) Ante una señal de socorro o salvamento.

20. b) Por arrastre por colchón.

Celador en su relación con los enfermos: Traslado y movilidad de los mismos. Técnicas de movilización de pacientes. Actuación en la UCI

1. Las movilizaciones realizadas por el fisioterapeuta sobre los distintos segmentos corporales del paciente se denominan:

a) Inmovilizadas.
b) Activas contrarresistencia.
c) Pasivas.
d) Activas con resistencia.

2. ¿Qué consecuencia sobre la función respiratoria es cierta por el inmovilismo?

a) Aumento en los requerimientos de oxígeno.
b) Aumenta la capacidad respiratoria.
c) Se tiende instintivamente a respirar de forma más rápida y superficial.
d) Hay una estasis de secreciones, que puede acumularse y favorecer el medio para el crecimiento bacteriano.

3. Las úlceras por presión se evitan:

a) Con una sistemática de cambios posturales frecuentes.
b) La necesidad de una aplicación adecuada de buenas posiciones no es prioritaria.
c) Tomando todos los días la medicación recomendada.
d) Son ciertas las respuestas a) y c).

4. ¿Qué maniobra es la primera que hay que hacer si queremos transferir un enfermo de la cama a un sillón?

a) Colocar el sillón paralelo a la cama y a la altura de los pies.
b) Colocar al paciente en la orilla de la cama.
c) Sentar al paciente en la cama con las piernas por fuera.
d) Colocar el sillón paralelo al familiar del paciente.

5. ¿Cómo se denominan los pacientes que sufren parálisis de las extremidades inferiores y superiores?

a) Hemipléjicos.
b) Hemiparésicos.
c) Tetrapléjicos.
d) Paraparésicos.

6. La movilización del paciente de una zona a otra dentro del Hospital se denomina:

a) Movilización del paciente/usuario.
b) Traslado intrahospitalario.
c) Transporte.
d) Ninguno de los anteriores es cierto.

7. ¿Cuándo está indicado el uso de bastones en los enfermos?

a) Cuando estos pacientes sufren hemiplejia derecha que permite la marcha.
b) Cuando estos pacientes sufren tetraplejia.
c) Cuando estos pacientes sufren fractura bilateral de caderas.
d) Cuando estos pacientes tienen luxaciones de ambas rótulas.

8. ¿Qué indicaciones son las más frecuentes de las muletas de aluminio?

a) Esguinces.
b) Enfermos tetrapléjicos.
c) Enfermos parapléjicos.
d) Son ciertas las respuestas b) y c).

9. ¿Cuál de estas ayudas es autoestable?

a) Pasamanos.
b) Barras paralelas.
c) Bastones multipodales.
d) Ninguna de las anteriores.

10. ¿Cómo se denominan los dispositivos metálicos que por medio de una bomba hidráulica y de determinados complementos, permiten la elevación, transporte y acomodamiento de personas en diferentes lugares (cama, baño, etc.)?

a) Rueda de hombros.
b) Grúas.
c) Bipedestadores.
d) Jaula de Böhler.

11. El servicio hospitalario que tiene como misión la recepción, observación y tratamiento por personal altamente especializado y está dotado de material idóneo de pacientes en estado crítico es:

a) El Servicio de urgencias.
b) UCI/UVI.
c) La Unidad de cuidados paliativos.
d) La Unidad de medicina intensiva.

12. Dentro de la UCI, ¿cómo se llaman las unidades especializadas identificadas según las patologías que presentan los pacientes?

a) Unidad de Cuidados Intensivos.
b) Unidades Especializadas de Vigilancia.
c) Boxes.
d) Cubes.

13. En relación con la UCI/UVI, señala la respuesta correcta:

a) Se encuentra cerca del área de ingresos.
b) Comparte el control de enfermería con el resto de unidades de la planta.
c) Las asistencias de higiene, alimentación, visitas de familiares, etc., se realizan en otra ubicación distinta.
d) Posee servicio propio y exclusivo de la mayoría de las especialidades médicas (laboratorio, almacén de farmacia, radiología, esterilización, etc.).

14. Los celadores destinados a la UCI/UVI deben estar muy bien preparados en:

a) Vigilancia y seguridad.
b) Movilización y cambios posturales.
c) Áreas quirúrgicas.
d) Higiene y salud.

15. Señala la respuesta incorrecta. Los celadores destinados en la UCI deben estar pendientes a colaborar en todo lo que les ordene/n, dentro de sus funciones:

a) La supervisora de la UCI.
b) Los médicos.
c) Los enfermeros.
d) El técnico de laboratorio de análisis clínico.

16. En algunas pruebas diagnósticas que deben realizarse fuera de la UCI, cuando le sea requerido, el celador podrá:

a) Poner el chasis bajo el paciente.
b) Sujetar la sonda para realizar la endoscopia.

c) Sujetar al paciente para evitar daños con sus movimientos.
d) Realizar la toma de muestras.

17. La responsabilidad del movimiento de los enfermos encamados corresponde a:

a) Los facultativos.
b) Los médicos intensivistas.
c) El personal de enfermería ayudados por el celador/a cuando los enfermos encamados requieran un trato especial en razón de sus dolencias para hacerles las camas.
d) La supervisora de la UCI.

18. Es importante que, cuando el/la celador/a abandone la UCI/UVI para algún traslado de personas u objetos:

a) Se coloque un EPI nuevo completo.
b) Cambie el uniforme reglamentario.
c) Se ponga los guantes estériles.
d) Deje la bata dentro de la UCI.

19. Una de las principales funciones de los celadores y celadoras es la vigilancia. Señala cuál de los siguientes elementos no será su responsabilidad:

a) Manejo correcto de las camas articuladas.
b) La entrada y salida de las visitas.
c) El comportamiento de los visitantes dentro de la UCI.
d) La vestimenta de los visitantes dentro de la UCI.

20. ¿Cuál de las siguientes no es función propia de un celador de UCI/UVI?

a) Ayudar a enfermeras y auxiliares al movimiento y traslado de enfermos encamados.
b) Cambiar la cama de la UCI.
c) Controlar la autorización de los visitantes.
d) Vigilar que las visitas vistan correctamente calzas, gorro, bata, etc.

Solución al test n.º 4

1. c) Pasivas.

2. d) Hay una estasis de secreciones, que puede acumularse y favorecer el medio para el crecimiento bacteriano.

3. a) Con una sistemática de cambios posturales frecuentes.

4. a) Colocar el sillón paralelo a la cama y a la altura de los pies.

5. c) Tetrapléjicos.

6. b) Traslado intrahospitalario.

7. a) Cuando estos pacientes sufren hemiplejia derecha que permite la marcha.

8. a) Esguinces.

9. c) Bastones multipodales.

10. b) Grúas.

11. b) UCI/UVI.

12. c) Boxes.

13. d) Posee servicio propio y exclusivo de la mayoría de las especialidades médicas (laboratorio, almacén de farmacia, radiología, esterilización, etc.).

14. b) Movilización y cambios posturales.

15. d) El técnico de laboratorio de análisis clínico.

16. c) Sujetar al paciente para evitar daños con sus movimientos.

17. c) El personal de enfermería ayudados por el celador/a cuando los enfermos encamados requieran un trato especial en razón de sus dolencias para hacerles las camas.

18. d) Deje la bata dentro de la UCI.

19. a) Manejo correcto de las camas articuladas.

20. b) Cambiar la cama de la UCI.

Normas de actuación en los quirófanos. Normas de higiene. La Esterilización. Medidas de aislamiento de paciente con enfermedades infectocontagiosas. Gestión de residuos sanitarios

1. El antequirófano pertenece a la zona quirúrgica:

a) Sin limitación de acceso.
b) Semilimitada.
c) Limitada.
d) Prohibida.

2. ¿Qué tipo de agentes utiliza más frecuentemente la asepsia para conseguir matar y eliminar los microorganismos?

a) Agentes mecánicos.
b) Agentes físicos.
c) Agentes biológicos.
d) Agentes químicos.

3. ¿Cuándo dirías qué existe enfermedad infecciosa?

a) Cuando se produce la invasión y entrada en el organismo humano de agentes extraños vivos.
b) Cuando el agente infeccioso crece y prolifera invadiendo tejidos y células del organismo.
c) Cuando el agente infeccioso coloniza un órgano, aparato o/y la globalidad de nuestra corporalidad.
d) Cuando aparecen signos y síntomas como consecuencia de la infección.

4. ¿Cómo se denomina la desinfección que se realiza cuando se ha producido el alta del paciente y las circunstancias lo indican?

a) Desinfección definitiva.
b) Desinfección final.

c) Desinfección concurrente.
d) Desinfección altísima.

5. ¿Cómo se denomina la técnica de desinfección que consiste en sumergir en agua a la temperatura de ebullición el material que se quiere desinfectar?

a) Hervido.
b) Pasteurización.
c) Uperización.
d) Técnica UHT.

6. ¿Qué tiempo requiere el glutaraldehído al 2 % para que lleve a cabo una desinfección por inmersión del material objeto de dicho procedimiento?

a) 1 h.
b) 10 h.
c) 20 minutos.
d) 30 segundos.

7. ¿A qué presión irá el autoclave (en atmósferas) como medio de esterilización de material si se utiliza a 120 ºC?

a) 1 atmósfera.
b) 2 atmósferas.
c) 3 atmósferas.
d) 4 atmósferas.

8. ¿Cuál de las siguientes ventajas e inconvenientes del autoclave es falsa?

a) Es un medio de esterilizar barato, sencillo, rápido y eficaz.
b) Es aplicable a una gran gama de materiales.
c) Las altas temperaturas de la técnica desestructura el material.
d) Son correctas todas las respuestas anteriores.

9. ¿Qué material de estos no puede esterilizarse en autoclave?

a) Guantes de goma.
b) Bateas metálicas.
c) Ropa.
d) Envase de medios de cultivo.

10. ¿En cuál de estas técnicas de esterilización no son utilizados los métodos químicos?

a) En óxido de etileno.
b) En glutaraldehído.

c) En formol.
d) En el flameado.

11. El tipo de interacción agente/huésped en la que existe beneficio para ambos se denomina:

a) Simbiosis.
b) Comensalismo.
c) Parasitismo.
d) Infección.

12. El tipo de interacción agente/huésped en la que el agente obtiene beneficio a partir del huésped se denomina:

a) Simbiosis.
b) Comensalismo.
c) Parasitismo.
d) Infección.

13. El agente etiológico depende de varios factores para tener capacidad de producir enfermedad en el ser humano, entre estos factores no se encuentra:

a) Patogenicidad.
b) Tipo de ADN.
c) Contagiosidad.
d) Virulencia.

14. La capacidad para multiplicarse el agente causal en los tejidos dando o no lugar a la enfermedad se denomina:

a) Infectividad.
b) Contagiosidad.
c) Virulencia.
d) ADN.

15. La habilidad de un agente causal para producir reacción inmunológica local o general se denomina:

a) Virulencia.
b) Infectividad.
c) Contagiosidad.
d) Inmunogenicidad.

16. No es un eslabón de la cadena epidemiológica:

a) Reservorio.
b) Fuente.

c) Mecanismo de transmisión.

d) Estado inmunológico.

17. Entre las características del reservorio animal no se encuentra:

a) En la mayoría de los casos la transmisión se termina en el animal, no se transmite a hombres.

b) Los casos son esporádicos o agrupados en pequeños brotes, pero algunas zoonosis producen epidemias.

c) Las lesiones y síntomas son parecidas en hombres y en animales.

d) La enfermedad se suele presentar en personas que están en contacto con animales y sus productos.

18. El principal mecanismo de las barreras higiénicas físicas es:

a) El lavado de manos.

b) El uso de guantes.

c) El uso de batas.

d) El uso de mascarillas.

19. Los residuos del Grupo V, productos químicos que consisten en, o contienen, sustancias peligrosas, código LER 18 01 06* o 18 02 05*, según se trate, respectivamente, de servicios médicos o veterinarios son de tipo:

a) A.

b) B.

c) C.

d) d.

20. Los residuos incluidos en el grupo III también podrán ser eliminados como si se tratara de residuos sanitarios del grupo II siempre que:

a) Se transporten en los contenedores adecuados.

b) Se haya procedido a una desinfección o esterilización mediante vapor de agua caliente a presión.

c) No hayan sido manipulados previamente.

d) Sean incinerados separadamente.

En MADTEST tienes **más preguntas de este tema, comentadas y argumentadas**, y todos tus avances quedan registrados y se reflejan en el ranking.

¡Supera tus límites con MADTEST!

Solución al test n.º 5

1. c) Limitada.

2. b) Agentes físicos.

3. d) Cuando aparecen signos y síntomas como consecuencia de la infección.

4. b) Desinfección final.

5. a) Hervido.

6. c) 20 minutos.

7. a) 1 atmósfera.

8. d) Son correctas todas las respuestas anteriores.

9. a) Guantes de goma.

10. d) En el flameado.

11. a) Simbiosis.

12. c) Parasitismo.

13. b) Tipo de ADN.

14. a) Infectividad.

15. d) Inmunogenicidad.

16. d) Estado inmunológico.

17. a) En la mayoría de los casos la transmisión se termina en el animal, no se transmite a hombres.

18. a) El lavado de manos.

19. a) A.

20. b) Se haya procedido a una desinfección o esterilización mediante vapor de agua caliente a presión.

Actuación del Celador en relación con los pacientes fallecidos. Actuación en las salas de autopsias y los mortuorios

1. La vestimenta que envuelve al cadáver se denomina:

a) Óbito.
b) Sudario.
c) Pijama.
d) Tanatología.

2. Los restos cadavéricos es lo que queda del cuerpo humano una vez fallecido tras:

a) 5 años.
b) 10 años.
c) 12 meses.
d) 2 años.

3. El rigor mortis aparece en una persona fallecida a las:

a) 12 horas de la muerte.
b) 7 horas de la muerte.
c) 3 horas de la muerte.
d) 24 horas de la muerte.

4. La putrefacción de un cadáver aparece por la acción de:

a) Los virus.
b) Las bacterias.
c) El oxígeno.
d) La muerte.

5. Denominamos tanatoplastia a:

a) Las técnicas de reconstrucción de los cadáveres.
b) Las técnicas de cosmética que permiten mejorar la apariencia externa del cadáver.
c) Las técnicas que consisten en el tratamiento de los muertos.
d) Las técnicas que nos permiten congelar a los muertos.

6. El establecimiento funerario habilitado para la incineración de cadáveres y restos humanos se denomina:

a) Cementerio.
b) Crematorio.
c) Nicho.
d) Panteón.

7. El control sanitario de los cementerios y la sanidad mortuoria corresponde a:

a) Corporaciones Locales.
b) Centros privados.
c) Unidades Estatales.
d) Ministerio responsable de sanidad.

8. La certificación de la muerte es competencia de:

a) Cualquier eslabón del equipo.
b) El facultativo responsable.
c) La enfermera de la unidad.
d) El jefe de la unidad clínica.

9. No es un signo precoz de la muerte:

a) Pérdida de sensibilidad cutánea.
b) Ausencia de latido cardíaco.
c) Ausencia de tono muscular.
d) Livideces.

10. Según el profesor Gisbert Calabuig, ¿cuántas fases de la muerte podemos distinguir?

a) 4 fases.
b) 3 fases.
c) 2 fases.
d) 1 fase.

11. Es una función exclusiva del celador con los pacientes fallecidos:

a) El traslado de los cadáveres al mortuorio.
b) El amortajamiento.
c) El aseo del paciente.
d) Todas son funciones exclusivas del celador.

12. Los ojos y la boca del cadáver:

a) Deben ser cerrados.
b) Deben dejarse como están.
c) Debe permanecer abiertos.
d) Deben sellarse con sutura.

13. Si el paciente va a estar unos días en el depósito de cadáveres se aconseja una temperatura de:

a) 4 ºC.
b) 10 ºC.
c) 0 ºC.
d) 21 ºC.

14. La superficie de las áreas de disección en la actualidad es de:

a) Cerámica.
b) Acero inoxidable.
c) Porcelana.
d) Cualquiera de los anteriores.

15. La intervención que se realiza en un cadáver para examinar sus órganos se denomina:

a) Necropsia.
b) *Exitus*.
c) Embalsamamiento.
d) Tanatopraxia.

16. Un enterótomo es un instrumento que no se utiliza para la disección de:

a) Estómago.
b) Tráquea.
c) Huesos.
d) Intestinos.

17. La mesa de autopsias debe medir:

a) 2,10 por 0,75 m.
b) 2,10 por 0,90 m.
c) 1,90 por 0,75 m.
d) 2,10 por 2,10 m.

18. La autopsia clínica tiene como fin:

a) Determinar las circunstancias de la muerte del fallecido.
b) Realizar un informe para la autoridad judicial.
c) Estudiar las alteraciones morfológicas de órganos y tejidos a causa de la enfermedad.
d) Analizar restos humanos encontrados en extrañas circunstancias.

19. Indique en qué cadáver, según la causa de fallecimiento, podría prohibirse las técnicas de tanatopraxia, tanatoestética y/o tanatoplastia. Personas cuya defunción se deba a:

a) Rabia.
b) Neumonía.
c) Cáncer.
d) Infarto.

20. ¿Cuándo está indicada la autopsia clínica?

a) Muertes ocurridas en las primeras 24 horas tras el ingreso en un hospital.
b) Cadáveres no identificados.
c) Muerte de pacientes por procedimientos clínicos-quirúrgicos.
d) Para elaborar un informe forense.

En MADTEST tienes **más preguntas de este tema, comentadas y argumentadas**, y todos tus avances quedan registrados y se reflejan en el ranking.

¡Supera tus límites con MADTEST!

Solución al test n.º 6

1. b) Sudario.

2. a) 5 años.

3. c) 3 horas de la muerte.

4. b) Las bacterias.

5. a) Las técnicas de reconstrucción de los cadáveres.

6. b) Crematorio.

7. a) Corporaciones Locales.

8. b) El facultativo responsable.

9. d) Livideces.

10. a) 4 fases.

11. a) El traslado de los cadáveres al mortuorio.

12. a) Deben ser cerrados.

13. a) 4 ºC.

14. b) Acero inoxidable.

15. a) Necropsia.

16. d) Intestinos.

17. a) 2,10 por 0,75 m.

18. c) Estudiar las alteraciones morfológicas de órganos y tejidos a causa de la enfermedad.

19. a) Rabia.

20. a) Muertes ocurridas en las primeras 24 horas tras el ingreso en un hospital.

La actuación del celador en unidades de salud mental. Recursos asistenciales en salud mental. La actuación del celador en unidades hospitalarias de urgencias y emergencias. Acompañamiento de enfermos en ambulancia. Traslado de documentos y objetos, traslado de documentación sanitaria. Documentación clínica en la Ley autonómica 3/2005, de 8 de julio, de información sanitaria y autonomía del paciente

1. Entendemos por psiquiatría:

a) Una rama de la medicina.
b) La parte de la medicina que tiene por objeto el estudio y prevención de las enfermedades mentales.
c) Una parte de la medicina que tiene por objeto el diagnóstico y tratamiento de las enfermedades mentales.
d) Todas son ciertas.

2. En las unidades de hospitalización psiquiátrica no se dedican a:

a) Desintoxicación.
b) Evaluación y progreso diagnóstico.
c) Reinserción social.
d) Fracaso de tratamientos ambulatorios.

3. La finalidad de los centros día en salud mental es:

a) La recuperación de habilidades para integrarse en la sociedad.
b) La desintoxicación de drogas de abuso.
c) La integración y terapia familiar.
d) Todas son ciertas.

4. El trastorno depresivo mayor en salud mental se caracteriza por:

a) Preocupación, autocrítica y pensamientos de autodevaluación.
b) La falta de energía, sobre todo en hombres.
c) Está caracterizado por uno o más episodios depresivos mayores.
d) Episodios de delirios, alucinaciones y TCA.

5. El lenguaje demasiado bajo se denomina:

a) Musitación.
b) Coprolalia.
c) Dislalia.
d) Logorrea.

6. Los dispositivos de urgencias sanitarias garantizan a los usuarios del Sistema Sanitario Público una atención continuada, y para ello:

a) Tratan todo tipo de procesos.
b) Traslada a todos los pacientes al ambulatorio más cercano para su tratamiento.
c) Garantizan a los usuarios una atención sanitaria durante las 24 horas del día.
d) No tienen en cuenta la gravedad del paciente para su asistencia.

7. De las siguientes afirmaciones, ¿cuál de ellas expresa alguna característica propia del término «emergencia»?

a) Es un tipo agravado de urgencia en la que existe un peligro inmediato, real o potencial, para la vida del paciente.
b) Existe peligro de secuelas para el paciente.
c) Suceso que provoca en el organismo una lesión y es de forma fortuita.
d) Suceso que altera el orden normal de las cosas y provoca una gran necesidad de asistencia sanitaria.

8. Se considera «emergencia» a aquella situación que:

a) Supone una pérdida de calidad de vida para la persona y debe ser atendida de forma preferente.
b) Es percibida como tal por el usuario.
c) Supone una amenaza inmediata para la vida o salud de la persona.
d) Es definida como tal por Atención Primaria.

9. De los siguientes uno No es un Servicio de Urgencias y Emergencias Sanitarias; señálalo:

a) SAMU.
b) 091.

c) 112.
d) SOS emergencias.

10. Las Unidades de Urgencias de los Hospitales Generales y Especialidades prestan asistencia:

a) Ambulatoria.
b) Domiciliaria.
c) Especializada.
d) Básica.

11. El estilo Utstein en el soporte vital básico es:

a) Un acuerdo a nivel mundial para consensuar definiciones relacionadas con la RCP.
b) La principal asociación de indicaciones en RCP a nivel europeo.
c) La secuencia de actuación correcta ante una emergencia clínica.
d) Todas son ciertas.

12. El primer eslabón de la cadena de supervivencia es:

a) RCP básica.
b) Desfibrilación precoz.
c) Activación de los servicios de emergencia.
d) Soporte vital avanzado.

13. La causa más frecuente de parada cardiorrespiratoria en adultos es:

a) Torsades de pointes.
b) FV.
c) FA.
d) Enfermedad terminal.

14. ¿Cuál de las siguientes afirmaciones sobre la valoración de la conciencia es falsa?

a) Es la primera valoración que se realiza en una situación de emergencia.
b) Se realiza mediante una valoración sensitiva y auditiva.
c) Si la víctima responde consideraremos que está consciente.
d) Si la víctima responde de forma anormal o confusa consideraremos que está inconsciente.

15. Para despejar la vía aérea usaremos la técnica de:

a) Maniobra frente mentón o tracción mandibular.
b) VOS.
c) Insuflaciones.
d) Dedo en gancho.

16. Todo cuadro pulmonar que da lugar a la disminución de la PO2 en sangre arterial, con o sin aumento de PO2 se denomina:

a) Hipoventilación alveolar.
b) Disfemismo bronquial.
c) EPOC.
d) Insuficiencia respiratoria.

17. El aumento de la presión parcial de dióxido de carbono en sangre arterial puede producir:

a) Poliglobulina.
b) Hiperoxia.
c) Acidosis metabólica.
d) Hipercapnia.

18. ¿En qué posición se trasladará a un paciente diagnosticado de insuficiencia respiratoria con oxigenoterapia?

a) Fowler.
b) Sims.
c) Trendelenburg.
d) Roser.

19. El ruido respiratorio crepitante fuerte que se origina por el paso del aire a través de líquido en bronquiolos, bronquios y tráquea al final de la inspiración y durante la espiración, se denomina:

a) Roce pleural.
b) Sibilancia.
c) Soplo tubárico.
d) Roncus.

20. La función del celador es importante en las urgencias respiratorias debido a que:

a) Deberá valorar la situación inicial del paciente.
b) A menudo realiza traslados de pacientes sometidos a oxigenoterapia y deberá conocer todo el sistema.
c) Controlará el empeoramiento del cuadro.
d) Será quien informe sobre el sistema de administración de oxigenoterapia.

21. La Ley 3/2005, de 8 de julio, de información sanitaria y autonomía del paciente, se estructura en:

a) 40 artículos, distribuidos en una exposición de motivos, un Título Preliminar, siete Títulos, tres Disposiciones Adicionales, una Disposición Transitoria, una Disposición Derogatoria y tres Disposiciones Finales.

b) 42 artículos, distribuidos en una exposición de motivos, un Título Preliminar, seis Títulos, tres Disposiciones Adicionales, una Disposición Transitoria, una Disposición Derogatoria y dos Disposiciones Finales.

c) 44 artículos, distribuidos en una exposición de motivos, un Título Preliminar, siete Títulos, tres Disposiciones Adicionales, una Disposición Transitoria, una Disposición Derogatoria y dos Disposiciones Finales.

d) 44 artículos, distribuidos en una exposición de motivos, un Título Preliminar, seis Títulos, tres Disposiciones Adicionales, una Disposición Transitoria, una Disposición Derogatoria y tres Disposiciones Finales.

22. El art. 1 de la Ley 3/2005, de 8 de julio, de información sanitaria y autonomía del paciente, dispone que constituye la finalidad de la dicha Ley garantizar el derecho a la protección de la salud con pleno respeto a los derechos fundamentales de:

a) Legalidad, igualdad e información.
b) Intimidad, igualdad y no discriminación.
c) Honor, no discriminación y legalidad.
d) Información, honor e intimidad.

23. El ámbito de aplicación de la Ley 3/2005, de 8 de julio, de información sanitaria y autonomía del paciente, se extiende a:

a) A todos los extremeños y residentes en cualquiera de los municipios de Extremadura.

b) A los profesionales de los centros, establecimientos y servicios sanitarios, públicos y privados, ubicados en el ámbito territorial de la Comunidad Autónoma de Extremadura.

c) A los no residentes en la Comunidad Autónoma de Extremadura, en las condiciones previstas en la legislación estatal y en los Convenios Nacionales e Internacionales que sean de aplicación.

d) Todas las respuestas son correctas.

24. Los pacientes de la Comunidad Autónoma de Extremadura tienen derecho, con motivo de cualquier actuación en el ámbito de su salud, a recibir toda la información disponible sobre la misma, salvo los supuestos exceptuados legalmente. Como regla general la información se proporcionará:

a) Verbalmente, dejando constancia en la historia clínica.
b) De forma escrita y dejando constancia en la historia clínica.
c) De forma verbal o escrita sin necesidad de dejar constancia en la historia clínica.
d) Siempre por escrito, con firma del informado y dejando constancia en la historia clínica.

25. Señale la respuesta incorrecta respecto a los titulares del derecho a la información asistencial:

a) El titular del derecho a la información es el paciente.

b) Los menores de edad serán titulares del derecho a la información cuando estén emancipados o tengan quince años cumplidos.

c) Las personas vinculadas al paciente deberán ser informadas en la medida en que éste lo permita expresa o tácitamente.

d) El médico responsable de la asistencia al paciente deberá hacer constar en la historia clínica la circunstancia que concurre en cada caso, la información que se ha prestado y los destinatarios de la misma.

En MADTEST tienes **más preguntas de este tema, comentadas y argumentadas**, y todos tus avances quedan registrados y se reflejan en el ranking.

¡Supera tus límites con MADTEST!

Solución al test n.º 7

1. d) Todas son ciertas.

2. c) Reinserción social.

3. a) La recuperación de habilidades para integrarse en la sociedad.

4. c) Está caracterizado por uno o más episodios depresivos mayores.

5. a) Musitación.

6. c) Garantizan a los usuarios una atención sanitaria durante las 24 horas del día.

7. a) Es un tipo agravado de urgencia en la que existe un peligro inmediato, real o potencial, para la vida del paciente.

8. c) Supone una amenaza inmediata para la vida o salud de la persona.

9. b) 091.

10. c) Especializada.

11. a) Un acuerdo a nivel mundial para consensuar definiciones relacionadas con la RCP.

12. c) Activación de los servicios de emergencia.

13. b) FV.

14. d) Si la víctima responde de forma anormal o confusa consideraremos que está inconsciente.

15. a) Maniobra frente mentón o tracción mandibular.

16. d) Insuficiencia respiratoria.

17. d) Hipercapnia.

18. a) Fowler.

19. d) Roncus.

20. b) A menudo realiza traslados de pacientes sometidos a oxigenoterapia y deberá conocer todo el sistema.

21. c) 44 artículos, distribuidos en una exposición de motivos, un Título Preliminar, siete Títulos, tres Disposiciones Adicionales, una Disposición Transitoria, una Disposición Derogatoria y dos Disposiciones Finales.

22. d) Información, honor e intimidad.

23. d) Todas las respuestas son correctas.

24. a) Verbalmente, dejando constancia en la historia clínica.

25. b) Los menores de edad serán titulares del derecho a la información cuando estén emancipados o tengan quince años cumplidos.

Redes informáticas: Conceptos generales. Correo web y programas de correo electrónico más utilizados: Uso y manejo del correo electrónico. Nociones Básicas sobre paquete office

1. ¿Por qué se dice que Internet es libre?

a) Porque es gratuito.
b) Es una tecnología gratuita.
c) Es una tecnología gratuita y de libre uso.
d) Todas las respuestas son correctas.

2. ¿Qué es el Sitemap?

a) Una página Web.
b) Indica la estructura de una página Web.
c) Es un sitewcb.
d) Indica la estructura de un siteweb.

3. ¿Qué problemas presenta la conexión a Internet por la RTC?

a) Es más cara.
b) Velocidad como máximo 56 kbps.
c) No se puede hablar por teléfono.
d) Las dos respuestas anteriores son correctas.

4. En una conexión ADSL, ¿qué elemento es necesario para poder hablar por teléfono y tener acceso a Internet?

a) Filtro separador ya que se trabajan a altas frecuencias.
b) Un atenuador.
c) Un amplificador.
d) Una resistencia.

5. ¿Qué servicio se utiliza para conectar a equipos remotos mediante la Red emulando un terminal del equipo al que se realiza la conexión?

a) FTP.
b) SMTP.
c) Telnet.
d) HTTP.

6. ¿Cuál de las siguientes redes sociales se engloba dentro de las profesionales?

a) Linkedin.
b) Facebook.
c) Instagram.
d) X.

7. ¿Cómo se denominó Facebook en sus inicios?

a) Facetool.
b) Facemash.
c) Seekface.
d) Lookface.

8. ¿De dónde proviene el término Wiki?

a) Del autor Wilkinson.
b) De la abreviatura World Kount.
c) Del Hawaiano rápido.
d) Del inglés whisper.

9. ¿Cuál de las siguientes opciones es una plataforma de educación online?

a) Wiki.
b) Blog.
c) WordPress.
d) Moodle.

10. ¿De dónde proviene el nombre de Moodle?

a) Modular Oberver Dynamic Learning Environment.
b) Modular Object-Oriented Dynamic Learning Environment.
c) Main Object-Oriented Dynamic Learning Environment.
d) Modular Object-Oriented Dynamic Look Environment.

11. El elemento Hardware que impide la entrada de intrusos en la red de datos interna o local se denomina:

a) Antivirus.
b) Escáner.
c) Rúter.
d) Firewall.

12. ¿Cuál es la abreviatura de la organización que vela por el desarrollo de estándares que aseguren el crecimiento de la Web a largo plazo?

a) W3C
b) W2C
c) 3WC
d) 2WC

13. ¿Cuál de las siguientes direcciones IP es incorrecta?

a) 192.168.1.5
b) 129.65.2.256
c) 27.35.2.1
d) 8.8.8.8

14. ¿Cómo se denomina al servidor de correo encargado de trasladar el email al destinatario?

a) SMTP
b) FullP
c) POP3
d) HTML

15. ¿Cuál es la frase que mostrará el gestor del correo al usuario antes incluso de que lo lea y que ven los programas entre otras cosas para filtrar el SPAM?

a) Titular.
b) Concepto.
c) Cuerpo del mensaje.
d) Asunto.

16. Para crear un documento de Writer hay que dirigirse al menú:

a) Archivo.
b) Editar.
c) Herramientas.
d) Ayuda.

17. ¿Cuántas columnas tiene una hoja de cálculo?

a) 3 por defecto.
b) Las que se ven en pantalla.
c) 65.635.
d) 1024.

18. ¿Cuántas filas tiene una hoja de cálculo?

a) 3 por defecto.
b) Las que se ven en pantalla.
c) 65.635.
d) 1.048.576.

19. Los interfaces que facilitan al usuario la introducción y visualización de datos en la base de datos se denominan:

a) Formularios.
b) Tablas.
c) Informes.
d) Consultas.

20. En la tabla Libro que tiene los siguientes atributos: Autor/a, ISBN, Título, Año, ¿cuál de los atributos pondrías como llave primaria?

a) Autor/a.
b) ISBN.
c) Año.
d) Título.

En MADTEST tienes **más preguntas de este tema, comentadas y argumentadas**, y todos tus avances quedan registrados y se reflejan en el ranking.

¡Supera tus límites con MADTEST!

Solución al test n.º 8

1. c) Es una tecnología gratuita y de libre uso.

2. d) Indica la estructura de un siteweb.

3. d) Las dos respuestas anteriores son correctas.

4. a) Filtro separador ya que se trabajan a altas frecuencias.

5. c) Telnet.

6. a) Linkedin.

7. b) Facemash.

8. c) Del Hawaiano rápido.

9. d)Moodle.

10. b) Modular Object-Oriented Dynamic Learning Environment.

11. d) Firewall.

12. a) W3C

13. b) 129.65.2.256

14. c) POP3

15. d) Asunto.

16. a) Archivo.

17. d) 1024.

18. d) 1.048.576.

19. a) Formularios.

20. b) ISBN.

El celador almacenero. Logística de almacén en centros sanitarios. Actuación del Celador en el servicio de farmacia

1. ¿De quién depende el Servicio de Farmacia que existe en la mayoría de los Hospitales?

a) De la Gerencia.
b) De la Dirección Médica.
c) De la Dirección de Gestión y Servicios Generales.
d) De la División de Enfermería.

2. ¿Cómo se denomina a toda materia, cualquiera que sea su origen a la que se atribuye una actividad apropiada para constituir un medicamento?

a) Excipiente.
b) Principio activo.
c) Fórmula magistral.
d) Premezcla.

3. ¿Qué nombre recibe la disposición a que se adaptan los principios activos y excipientes para constituir un medicamento?

a) Forma magistral.
b) Forma excepcional.
c) Forma copérnica.
d) Forma farmacéutica.

4. Señala cuál de las siguientes no es una de las características mínimas que ha de reunir la zona estéril del Área de citostáticos:

a) Ha de contar con una campana de flujo laminar vertical.
b) Debe disponer de una habitación separada con presión positiva.
c) No ha de tener recirculación de aire ni aire acondicionado ambiental.
d) Debe contar con un área o zona aislada físicamente del resto del servicio en la que no se realicen otras operaciones.

5. ¿Qué tipo de inventario requiere un recuento sistemático de las existencias durante todo el ejercicio con el fin de determinar el número de veces que se consume y se repone la mercancía a lo largo del año?

a) El inventario tradicional.
b) El inventario cíclico.
c) El inventario rotativo.
d) El inventario periódico o estacional.

6. No es una de las funciones propias de un celador en el Almacén General del Hospital:

a) Dispensar el material que le sea solicitado mediante un vale firmado debidamente por el solicitante.
b) Recepcionar el suministro mediante cotejo del albarán de entrega.
c) Informar al responsable del Almacén de las entradas diarias de material.
d) Vigilar las entradas y salidas del almacén.

7. ¿Qué tipo de clasificación ordena los artículos en clases «A», «B» y «C»?

a) Ley 70-30.
b) La clasificación ADR.
c) El método LIFO.
d) La clasificación de Pareto.

8. ¿Cuál es el primer paso en el proceso de adquisición de los suministros?

a) La planificación de adquisiciones.
b) La petición de material.
c) La previsión de aprovisionamientos.
d) El procedimiento administrativo de contratación.

9. ¿Cuál, seguramente, es la labor más importante de todo el sistema de suministro, ya que el buen o mal funcionamiento de la misma significará o no la disponibilidad de un stock físico fiable y de los controles que lo garanticen?

a) La recepción/revisión de mercancías-
b) El reaprovisionamiento.
c) La gestión de stock.
d) El mapa de almacén.

10. ¿Cómo se denomina la actividad de salud pública que tiene por objetivo la identificación, cuantificación, evaluación y prevención de los riesgos del uso de los medicamentos una vez comercializados, permitiendo así el seguimiento de los posibles efectos adversos de los medicamentos:

a) Farmacovigilancia.
b) Farmacontrol.

c) Farmacoterapia.

d) Farmacosupervisión.

11. ¿Cómo se denomina la zona de un almacén sanitario donde se llevan a cabo las tareas de comprobación de los paquetes y albaranes?

a) Zona de Entrada de mercancías.

b) Zona de Control de mercancías.

c) Zona de Recepción de mercancías.

d) Zona de almacén propiamente dicho.

12. Los controles de stock se refieren:

a) Al material almacenable.

b) Al material no almacenable.

c) Al material almacenable y no almacenable.

d) Son iguales a los controles que se hacen diariamente de los albaranes.

13. Según Pareto un 20 % de los pedidos va a representar de las existencias un porcentaje del:

a) 30 %.

b) 50 %.

c) 65 %.

d) 80 %.

14. ¿Cuál de estos almacenes encaja como almacén de materiales para el funcionamiento del Centro Sanitario?

a) Almacén de material clínico fungible.

b) Almacén de papelería.

c) Almacén de lencería.

d) Almacén de farmacia.

15. El almacén de farmacia pertenece a los almacenes de:

a) Materiales de uso relacionado directamente con los enfermos.

b) Materiales de terapias.

c) Materiales para el funcionamiento del centro sanitario.

d) Materiales de diagnóstico.

16. ¿Qué simbología del código de barras es de las más empleadas a nivel internacional como símbolo de número de artículo?

a) ASCII.

b) EAN.

c) RIN.
d) RAN.

17. Todo lo que se expone sobre los códigos de barras es cierto, excepto:

a) Son sencillamente unas etiquetas con un número determinado de barras negras inscritas en ellas.
b) Cada barra tiene la posibilidad de representar un dígito particular de acuerdo con su posición en el código total.
c) Si el dígito está representado la barra es ancha; si el dígito no está presente la barra es fina.
d) Representan datos en una forma legible a simple vista y nunca por las máquinas.

18. Un celador destinado en el almacén de farmacia es requerido por un médico para que le suministre un analgésico. ¿Cuál debe ser su actuación?

a) Pasará la notificación al farmacéutico responsable.
b) Se lo dará, notificándolo posteriormente al farmacéutico responsable.
c) Se lo negará y avisará al jefe de personal subalterno.
d) Se lo dará, pero se lo comunicará a la Supervisora de guardia.

19. Señale la respuesta incorrecta en cuanto a la clasificación de Pareto:

a) Los artículos del tipo A serían aquellos que más se utilizan.
b) Los de clase B tendrían un consumo intermedio.
c) Los artículos del tipo A serían aquellos que se consumen menos y, como es lógico, tendrían una sustitución o rotación más lenta y se almacenarían en los lugares menos accesibles del almacén.
d) Los artículos del tipo A se guardarán en los lugares más próximos y de fácil acceso.

20. ¿Qué significa FIFO?

a) Five in, five off.
b) Fine in, fine over.
c) First in, first out.
d) Flirt ink, flirt on.

Solución al test n.º 9

1. b) De la Dirección Médica.

2. b) Principio activo.

3. d) Forma farmacéutica.

4. b) Debe disponer de una habitación separada con presión positiva.

5. c) El inventario rotativo.

6. a) Dispensar el material que le sea solicitado mediante un vale firmado debidamente por el solicitante.

7. d) La clasificación de Pareto.

8. c) La previsión de aprovisionamientos.

9. c) La gestión de stock.

10. a) Farmacovigilancla.

11. c) Zona de Recepción de mercancías.

12. a) Al material almacenable.

13. d) 80 %.

14. b) Almacén de papelería.

15. a) Materiales de uso relacionado directamente con los enfermos.

16. b) EAN.

17. d) Representan datos en una forma legible a simple vista y nunca por las máquinas.

18. a) Pasará la notificación al farmacéutico responsable.

19. c) Los artículos del tipo A serían aquellos que se consumen menos y, como es lógico, tendrían una sustitución o rotación más lenta y se almacenarían en los lugares menos accesibles del almacén.

20. c) First in, first out.

Ley de Prevención de Riesgos Laborales: objeto, ámbito de aplicación y definiciones. Derechos y Obligaciones

1. ¿Cuál es la vigente Ley de Prevención de Riesgos Laborales?

a) Ley 32/1995, de 8 de noviembre.
b) Ley 30/1996, de 8 de noviembre.
c) Ley 31/1995, de 6 de noviembre.
d) Ley 31/1995, de 8 de noviembre.

2. La Ley de Prevención de Riesgos laborales, tiene por objeto:

a) Prevenir los accidentes en general.
b) Evitar riesgos en el recorrido al puesto de trabajo.
c) Promover la seguridad y la salud de los trabajadores.
d) Que cada vez haya menos accidentes de tráfico.

3. Qué se entiende por "riesgo laboral":

a) La posibilidad de que un trabajador sufra un determinado daño derivado del trabajo.
b) La posibilidad de que un trabajador sufra una enfermedad en el trabajo.
c) La posibilidad de que un trabajador sufra acoso.
d) El riesgo que supone el ir a trabajar.

4. Indica cuál es la definición de prevención:

a) La probabilidad racional de que un riesgo se materialice de forma inminente.
b) El estudio de los procesos potencialmente peligrosos para el trabajo.
c) Conjunto de actividades o medidas adoptadas o previstas en todas las fases de actividad de la empresa con el fin de evitar o disminuir los riesgos derivados del trabajo.
d) Posibilidad de que un trabajador sufra un determinado daño derivado del trabajo.

5. Según establece el art. 4 de la Ley 31/1995, de 8 de noviembre, de Prevención de Riesgos Laborales, se define como daños derivados del trabajo.

a) La posibilidad de que un trabajador sufra un determinado daño derivado del trabajo.

b) El que resulte probable racionalmente que se materialice en un futuro inmediato y pueda suponer y pueda suponer un daño grave para la salud de los trabajadores.

c) Las enfermedades, patologías o lesiones sufridas con motivo u ocasión del trabajo.

d) Cualquier máquina, aparato, instrumento o instalación utilizada en el trabajo.

6. Cualquier característica del trabajo que pueda tener una influencia significativa en la generación de riesgos para la seguridad y la salud del trabajador, es:

a) Una condición de trabajo.

b) Un factor de riesgo.

c) Un proceso potencialmente peligroso.

d) Una zona peligrosa.

7. Señale la respuesta incorrecta:

a) La Ley de Prevención de Riesgos Laborales se aplica a los operativos de Seguridad civil en casos de catástrofe.

b) La Ley de Prevención de Riesgos Laborales se aplica a las sociedades cooperativas.

c) En el ámbito de la relación laboral de carácter especial del servicio del hogar familiar, las personas trabajadoras tienen derecho a una protección eficaz en materia de seguridad y salud en el trabajo.

d) En los establecimientos penitenciarios, se adaptarán a la Ley de Prevención de Riesgos Laborales aquellas actividades cuyas características justifiquen una regulación especial.

8. Para calificar un riesgo desde el punto de vista de su gravedad, se valorarán conjuntamente la severidad del daño y:

a) La probabilidad de que se produzca.

b) La cantidad de trabajadores de la empresa.

c) La existencia o no de equipos individuales de protección.

d) Las condiciones de trabajo.

9. Según recoge el artículo 4 de la Ley 31/1995, quedan específicamente incluidas en la definición de condición de trabajo:

a) Las características particulares de los locales, instalaciones, equipos, productos y demás útiles existentes en el centro de trabajo.

b) La naturaleza de los agentes físicos, químicos y biológicos presentes en el ambiente de trabajo y sus correspondientes intensidades, concentraciones o niveles de presencia.

c) Los procedimientos para la utilización de los agentes citados anteriormente que no influyan en la generación de los riesgos mencionados.

d) Todas aquellas otras características del trabajo, excluidas las relativas a su organización y ordenación, que influyan en la magnitud de los riesgos a que esté expuesto el trabajador.

10. ¿Quién debe garantizar a los trabajadores la vigilancia periódica de su estado de salud en función de los riesgos inherentes al trabajo?:

a) La Inspección de Trabajo.
b) El propio trabajador.
c) El empresario.
d) Las secciones sindicales.

11. El derecho básico reconocido a los trabajadores por la Ley 31/1995, de 8 de noviembre, es:

a) La vigilancia de su estado de salud.
b) Una protección eficaz en materia de seguridad y salud en el trabajo.
c) La formación en materia preventiva.
d) La información, consulta y participación.

12. ¿Cuál de los siguientes principios generales de la acción preventiva a aplicar en el trabajo, contenidos en la Ley de Prevención de Riesgos Laborales, es incorrecto?

a) Evaluar los riesgos que no se pueden evitar.
b) Priorizar medidas individuales a las colectivas.
c) Combatir los riesgos en su origen.
d) Tener en cuenta la evolución de la técnica.

13. La actividad preventiva deberá planificarse:

a) Para un período determinado.
b) Para un período ilimitado.
c) Anualmente.
d) Para un período máximo de 3 años.

14. Podrán realizar el plan de prevención de riesgos laborales, la evaluación de riesgos y la planificación de la actividad preventiva de forma simplificada, en atención a la naturaleza y peligrosidad de las actividades realizadas, empresas cuyo número de trabajadores no exceda de:

a) 30.
b) 50.
c) 80.
d) 100.

15. En relación a la vigilancia de la salud que ha de garantizar el empresario, el acceso a la información médica de carácter personal:

a) Se limitará al empresario y a los Servicios de Prevención propios.
b) Se limitará al Jefe inmediato del trabajador.
c) Sólo será accesible al propio trabajador.
d) Se limitará al personal médico y a las autoridades sanitarias que lleven a cabo la vigilancia.

16. En relación a la vigilancia de la salud, no es cierto que:

a) El derecho a la vigilancia periódica del estado de salud puede prolongarse más allá de la finalización de la relación laboral.
b) Las medidas de vigilancia y control se llevarán a cabo por personal sanitario.
c) Los resultados de la vigilancia de la salud serán comunicados a los representantes de los trabajadores.
d) Se deberá optar por la realización de aquellos reconocimientos o pruebas que causen las menores molestias al trabajador.

17. El empresario garantizará a los trabajadores a su servicio la vigilancia periódica de su estado de salud:

a) Que deberá prolongarse más allá de la finalización de la relación laboral.
b) Solamente si la duración de la relación de trabajo temporal es superior a los tres meses.
c) Solamente si la duración de la relación de trabajo temporal es superior a los seis meses.
d) Excepto a los contratados por empresas de trabajo temporal.

18. Según la Ley de Prevención de Riesgos Laborales, es obligación de los trabajadores en materia de prevención de riesgos:

a) La protección eficaz en materia de seguridad y salud en el trabajo.
b) Utilizar correctamente los medios y equipos de protección facilitados por el empresario, de acuerdo con las instrucciones recibidas de éste.
c) Soportar el coste de las medidas relativas a la seguridad y la salud en el trabajo.
d) Desarrollar una acción permanente de seguimiento de la actividad preventiva.

19. El art. 29 de la LPRL establece las obligaciones de los trabajadores en materia de prevención de riesgos. De las siguientes no se considera una obligación del trabajador:

a) Utilizar correctamente los medios y equipos de protección facilitados por el empresario, de acuerdo con las instrucciones recibidas de éste.
b) Usar adecuadamente, de acuerdo con su naturaleza y los riesgos previsibles, las máquinas, aparatos, herramientas, sustancias peligrosas, equipos de transporte y, en general, cualesquiera otros medios con los que desarrollen su actividad.

c) Informar de inmediato a su superior jerárquico directo, y a los trabajadores designados para realizar las actualizaciones que consideren oportunas en el equipo de protección individual.

d) No poner fuera de funcionamiento y utilizar correctamente los dispositivos de seguridad existentes o que se instalen en los medios relacionados con su actividad o en los lugares de trabajo en los que ésta tenga lugar.

20. Cuando los trabajadores estén expuestos a un riesgo grave e inminente con ocasión de su trabajo, y el empresario no adopte o no permita la adopción de las medidas necesarias para garantizar la seguridad y la salud de los trabajadores, la Ley 31/1995, de 8 de noviembre, de Prevención de Riesgos Laborales prevé que:

a) Los trabajadores afectados podrán paralizar la actividad.

b) El órgano de representación del personal instará formalmente al empresario a la adopción de las medidas necesarias.

c) Los Delegados de Prevención lo comunicarán a la autoridad laboral, que adoptará las medidas necesarias.

d) El órgano de representación de personal podrá acordar la paralización de la actividad.

Solución al test n.º 10

1. d) Ley 31/1995, de 8 de noviembre.

2. c) Promover la seguridad y la salud de los trabajadores.

3. a) La posibilidad de que un trabajador sufra un determinado daño derivado del trabajo.

4. c) Conjunto de actividades o medidas adoptadas o previstas en todas las fases de actividad de la empresa con el fin de evitar o disminuir los riesgos derivados del trabajo.

5. c) Las enfermedades, patologías o lesiones sufridas con motivo u ocasión del trabajo.

6. a) Una condición de trabajo.

7. a) La Ley de Prevención de Riesgos Laborales se aplica a los operativos de Seguridad civil en casos de catástrofe.

8. a) La probabilidad de que se produzca.

9. b) La naturaleza de los agentes físicos, químicos y biológicos presentes en el ambiente de trabajo y sus correspondientes intensidades, concentraciones o niveles de presencia.

10. c) El empresario.

11. b) Una protección eficaz en materia de seguridad y salud en el trabajo.

12. b) Priorizar medidas individuales a las colectivas.

13. a) Para un período determinado.

14. b) 50.

15. d) Se limitará al personal médico y a las autoridades sanitarias que lleven a cabo la vigilancia.

16. c) Los resultados de la vigilancia de la salud serán comunicados a los representantes de los trabajadores.

17. a) Que deberá prolongarse más allá de la finalización de la relación laboral.

18. b) Utilizar correctamente los medios y equipos de protección facilitados por el empresario, de acuerdo con las instrucciones recibidas de éste.

19. c) Informar de inmediato a su superior jerárquico directo, y a los trabajadores designados para realizar las actualizaciones que consideren oportunas en el equipo de protección individual.

20. d) El órgano de representación de personal podrá acordar la paralización de la actividad.

**Ley de Igualdad entre Mujeres y Hombres y contra la Violencia
de Género en Extremadura: Disposiciones Generales.
Integración de la perspectiva de género en las Políticas Públicas.
Ley de régimen jurídico del sector público:
el funcionamiento electrónico del sector público**

1. Según la Ley 8/2011 de Igualdad de Extremadura, el principio general de actuación que impone a los poderes públicos de Extremadura, en el marco de sus competencias, la obligación de adoptar medidas específicas a favor de las mujeres para corregir situaciones patentes de desigualdad de hecho respecto de los hombres, que serán aplicables en tanto subsistan dichas situaciones, habrán de ser razonables y proporcionadas en relación con el objetivo perseguido en cada caso, se denomina:

a) La igualdad de oportunidades.
b) El respeto a la diversidad y la diferencia.
c) La igualdad de trato entre mujeres y hombres.
d) Acción positiva.

2. Según la Ley 8/2011, ¿qué medidas se establecen para combatir la violencia de género?

a) Exclusivamente la atención a mujeres víctimas de violencia.
b) Sanciones económicas a los agresores.
c) Sensibilización, prevención y derechos de asistencia, protección y recuperación integral para las víctimas y sus familias.
d) Eliminación de los derechos laborales de los agresores.

3. Las técnicas de análisis y planificación que tienen en cuenta la interacción que se produce entre el género y otros factores de discriminación, con el objetivo de atender a la diversidad de las mujeres, mediante la puesta en marcha de mecanismos antidiscriminación de acción integral, se llaman:

a) La interseccionalidad.
b) La transversalidad.

c) La representación equilibrada.

d) El fomento de la diversidad y la diferencia.

4. Según el artículo 2 de la Ley 8/2011, la ley será de aplicación en el ámbito territorial de la Comunidad Autónoma de Extremadura para los siguientes colectivos salvo uno. Indica cuál:

a) Universidad de Extremadura.

b) Todas las entidades que realicen actividades educativas y de formación cualquiera que sea su tipo, nivel y grado.

c) Las Fuerzas Armadas.

d) A las entidades privadas que suscriban contratos o convenios de colaboración con las Administraciones Públicas de Extremadura o sean beneficiarias de ayudas o subvenciones concedidas por ellas.

5. Se entiende que cualquier tipo de trato desfavorable relacionado con el embarazo, la maternidad o la paternidad constituye:

a) Una situación de desigualdad.

b) Discriminación directa por razón de sexo.

c) Discriminación indirecta.

d) Acoso por razón de sexo.

6. ¿Qué implica la "igualdad de oportunidades" según el artículo 3 de la Ley 8/2011?

a) Adoptar medidas para garantizar el acceso a derechos y eliminar discriminación.

b) Tratar a todos de manera idéntica en cualquier situación.

c) Promover leyes generales sin intervención específica en desigualdades.

d) Establecer políticas laborales únicamente para mujeres.

7. En virtud del principio de ruptura de la brecha de género en la Sociedad de la Información, el Conocimiento y la Imaginación ¿Qué han de priorizar los poderes públicos extremeños para la supresión de cualquier tipo de discriminación y el fomento de la igualdad entre mujeres y los hombres?

a) Promover el acceso exclusivo de las mujeres a la tecnología.

b) Implementar políticas de discriminación positiva para hombres.

c) Considerar las implicaciones de género en el avance estratégico hacia la igualdad.

d) Establecer cuotas de participación femenina en empresas tecnológicas.

8. ¿Qué se entiende por "acción positiva" en el marco de esta ley?

a) Programas diseñados exclusivamente para mujeres empresarias.

b) Medidas específicas para corregir desigualdades mediante políticas afirmativas.

c) Aplicación de políticas de igualdad solo en el ámbito educativo.

d) Exclusión de hombres en sectores donde predominan las mujeres.

9. ¿Qué principio fomenta la representación equilibrada según la Ley 8/2011?

a) La promoción exclusiva de mujeres en cargos públicos.

b) La imposición de cuotas exclusivamente femeninas en empresas privadas. c) La reducción de la participación masculina en las candidaturas políticas.

d) La paridad de género en órganos de representación y toma de decisiones.

10. ¿Qué se entiende por "discriminación interseccional"?

a) La discriminación basada únicamente en el género.

b) La discriminación que combina racismo y sexismo.

c) La discriminación debida a la orientación sexual.

d) La discriminación causada por el lugar de residencia.

11. Dentro de la Ley 8/2011, la integración de la perspectiva de género en las políticas públicas se contempla en el Título:

a) I.

b) II.

c) III.

d) IV.

12. La incorporación de la perspectiva de la igualdad de género en la elaboración, ejecución y seguimiento de las disposiciones normativas, así como de las políticas y actividades en todos los ámbitos de actuación, considerando sistemáticamente las prioridades y necesidades propias de las mujeres y de los hombres, teniendo en cuenta su incidencia en la situación específica de unas y otros, al objeto de adaptarlas para eliminar los efectos discriminatorios y fomentar la igualdad de género, se denomina:

a) Interseccionalidad.

b) Representación específica.

c) Transversalidad de género.

d) Acción positiva.

13. ¿Qué organismo elaborará normas o directrices en las que se indiquen las pautas a seguir para la realización de la evaluación previa del impacto en función del género?

a) El Instituto de la Mujer de Extremadura.

b) El Consejo Extremeño de Participación de las Mujeres.

c) La Comisión de Impacto de Género de Extremadura.

d) La Junta de Extremadura.

14. ¿Cuál es el órgano técnico de cooperación de la Administración General del Estado, de las Administraciones de las Comunidades Autónomas y de las Entidades Locales en materia de administración electrónica?

a) El Consejo Técnico de Cooperación de administración electrónica.
b) La Comisión Sectorial de administración electrónica.
c) La Conferencia Sectorial de Administración Pública.
d) El Comité Sectorial de administración electrónica.

15. ¿De quién depende la Comisión Sectorial de Administración Electrónica a tenor de la Ley 40/2015, de 1 de octubre, de Régimen Jurídico del Sector Público?

a) De la Federación Española de Municipios y Provincias.
b) De la Secretaría General de Administración Digital.
c) De la Conferencia Sectorial de Administración Pública.
d) Del Secretario General de Administración Digital del Ministerio para la Transformación Digital y de la Función Pública.

16. Señala una de las funciones que desarrolla la Comisión Sectorial de la administración electrónica:

a) Impulsar el desarrollo de la administración electrónica en España.
b) Asegurar la cooperación entre las Administraciones Públicas para proporcionar información administrativa clara, actualizada e inequívoca.
c) Asegurar la compatibilidad e interoperabilidad de los sistemas y aplicaciones empleados por las Administraciones Públicas.
d) Todas las respuestas son correctas.

17. ¿Cómo se denomina, a tenor del art. 39 de la Ley 40/2015, de 1 de octubre, de Régimen Jurídico del Sector Público, al punto de acceso electrónico cuya titularidad corresponda a una Administración Pública, organismo público o entidad de Derecho Público que permite el acceso a través de internet a la información publicada y, en su caso, a la sede electrónica correspondiente?

a) Portal web.
b) Punto de acceso de internet.
c) Portal electrónico digital.
d) Portal de internet.

18. ¿Dónde se regulan los aspectos estrictamente procedimentales del funcionamiento electrónico del sector público?

a) En la Ley 39/2015, de 1 de octubre, del Procedimiento Administrativo Común de las Administraciones Públicas.
b) En la Ley 40/2015, de 1 de octubre, de Régimen Jurídico del Sector Público.

c) En la Ley 56/2007, de 28 de diciembre, de Medidas de Impulso de la Sociedad de la Información.

d) En la Ley 6/2020, de 11 de noviembre, reguladora de determinados aspectos de los servicios electrónicos de confianza.

19. ¿Cuál de los siguientes datos deberán de incluir los certificados electrónicos que utilicen las Administraciones Públicas para identificarse mediante el uso de un sello electrónico?

a) La denominación correspondiente.

b) El número de identificación fiscal.

c) La identidad de la persona titular en el caso de los sellos electrónicos de órganos administrativos.

d) Todas las respuestas anteriores son correctas.

20. Cualquier acto o actuación realizada íntegramente a través de medios electrónicos por una Administración Pública en el marco de un procedimiento administrativo y en la que no haya intervenido de forma directa un empleado público, se denomina a tenor del art. 41 de la Ley 40/2015, de 1 de octubre, de Régimen Jurídico del Sector Público, como:

a) Actuación administrativa electrónica.

b) Actuación administrativa digital.

c) Actuación administrativa automatizada.

d) Actuación administrativa virtual.

En MADTEST tienes **más preguntas de este tema, comentadas y argumentadas**, y todos tus avances quedan registrados y se reflejan en el ranking.

¡Supera tus límites con MADTEST!

Solución al test n.º 11

1. d) Acción positiva.

2. c) Sensibilización, prevención y derechos de asistencia, protección y recuperación integral para las víctimas y sus familias.

3. a) La interseccionalidad.

4. c) Las Fuerzas Armadas.

5. b) Discriminación directa por razón de sexo.

6. a) Adoptar medidas para garantizar el acceso a derechos y eliminar discriminación.

7. c) Considerar las implicaciones de género en el avance estratégico hacia la igualdad.

8. b) Medidas específicas para corregir desigualdades mediante políticas afirmativas.

9. d) La paridad de género en órganos de representación y toma de decisiones.

10. b) La discriminación que combina racismo y sexismo.

11. b) II.

12. c) Transversalidad de género.

13. d) La Junta de Extremadura.

14. b) La Comisión Sectorial de administración electrónica.

15. c) De la Conferencia Sectorial de Administración Pública.

16. d) Todas las respuestas son correctas.

17. d) Portal de internet.

18. a) En la Ley 39/2015, de 1 de octubre, del Procedimiento Administrativo Común de las Administraciones Públicas.

19. d) Todas las respuestas anteriores son correctas.

20. c) Actuación administrativa automatizada.

Cómo acceder al Curso

Celador/a
Test del temario

El uso de los códigos **es exclusivo de los compradores de los productos de Editorial MAD**. Cada producto posee un código único y de un solo uso. Es personal e intransferible y da acceso a servicios y contenidos adicionales. Editorial MAD se reserva el derecho de hacer cuantas comprobaciones sean necesarias para identificar al legítimo poseedor del código y dejar de dar servicio a quien haga uso fraudulento del mismo, además de emprender cuantas acciones legales estime oportunas según la legislación vigente.

Deberás acceder a:

mad.es/registro-campus

Si una vez aceptadas las condiciones de uso del Campus decides hacer uso del mismo, necesitarás del siguiente código de acceso junto con los códigos del resto de títulos que se exigen (si fuera el caso):

EZULYV35KM